たのしく やさしく はじめよう

日本人のための

easy
イージーコリアン
Korean
for Japanese

韓国語教育文化院 著

1

国書刊行会

日本語版によせて

　韓国語を本当に使えるようになりたい。しかも楽しくやさしく勉強したい。——本書は、学習者からのこうした要望に応えたいとの思いから作られました。

　私たちは、この要望を出発点に、多くの先生方の意見も参考にしながら検討を重ね、以下の二つの点を重視することにしました。まず、従来のつめこみ式をできるだけ避け、ポイントをしっかり理解できるようにする。そして、学習者間で対話練習をすることによって、そのポイントを実際に使えるようにする。

　この二点を効果的に行うために、本書は次のような構成にしました。まず各課のダイアローグは、韓国の生活や文化に親しむことができるような場面設定を使い、その中に必要最小限の文法ポイントを盛り込みました。そして、練習問題では、学習者間でコミュニケーションを活発に行いながら、そのポイントを実際に使って練習できるようにしました。

　本書は、もともと韓国語を学ぼうとするあらゆる国の人々を対象として作られたものです。この日本語版はそれをもととし、日本人が使いやすいよう編集し直したものです。ご存知のように、日本語と韓国語には様々な共通点が見られます。ですから、日本の皆さまは、他の国の人々よりも、きっと早く韓国語が上達することと思います。コミュニケーションを重視するこのテキストは、そうした日本の学習者の方々に使われることで、より高度に、そして楽しく活用されることと思います。

　本書を作る際には、多くの先生方や生徒の皆様より、さまざまな助言をいただきました。この場をお借りして心より感謝を申し上げます。このテキストが、韓国語を学ぶ人々にとっての良き道しるべになることを願っています。

韓国語教育文化院
執筆者代表　李相淑
webmaster@edukorean.com

このテキストは、文字を習い終わった学習者を対象としています。全20課で各課は以下のように構成されています。

1. ダイアローグ
日常的な対話文の中に、ポイントとなる文法事項や単語が含まれています。CDを使って繰り返し聞くとともに、ペアになって会話の練習をしましょう。

2. ボキャブラリー(Vocabulary)
ダイアローグに出てきた新しい単語や表現をまとめています。動詞・形容詞などの活用語は、基本形を併記しています。

3. 文型練習
ポイントとなる文型を、対話形式の練習問題にしています。CDを使って書き取りと会話の練習をしましょう。

4. アクティビティー(Activity)
応用練習をします。アクティビティーでは、できるだけ積極的に参加するようにしましょう。それぞれのアクティビティーの使い方は、以下のようにマークによって示しています。

	発表	自分の考えや意見を書いたり話したりしましょう。
	ペア	ペアになって練習しましょう。
	グループ	いくつかのグループに分かれて意見を話しましょう。
	インタビュー	一人がインタビュアーとなり、他の学習者に質問しましょう。

5. ジャンプ・ページ(Jump Page)
その課のポイント以外で、役に立つと思われる事柄をまとめています。多様な表現力を身につけるために活用してください。

6. 巻末
その他の単語集と表現	各科に出てくる単語でボキャブラリーに挙げられていない単語や表現をまとめています。
文型	各課のポイントとなる文型をまとめています。
付録	まぎらわしい文法事項を表にして整理しています。

＊1.ダイアローグと3.文型練習はCDに収録されていますので、繰り返し聞いてネイティブの発音をしっかり身につけましょう。

차례

はじめに　2
凡例　3
多様なあいさつ　8
教室用語　10

Lesson 1　안녕하십니까? 처음 뵙겠습니다　11
こんにちは。はじめまして。

ポイント
- 저는 ~입니다 (私は~です)　・~씨는 ~입니까? (~さんは~ですか)
- 네/아니오 (はい／いいえ)

Lesson 2　이것은 무엇입니까?　17
これは何ですか。

ポイント
- 이것/그것/저것은 무엇입니까? (これ／それ／あれは何ですか)
- 그것/이것/저것은 ~입니다 (それ／これ／あれは~です)
- ~도 (~も)　・~이/가 아닙니다 (~ではありません)

Lesson 3　이 분은 누구입니까?　23
この方はどなたですか。

ポイント
- 이/그/저/어느~ (この／その／あの／どの)
- 누구입니까? (誰ですか, どなたですか)
- ~의 (~の)　・가족 (家族)

Lesson 4　매점은 어디에 있습니까?　29
売店はどこにありますか。

ポイント
- 여기/거기/저기/어디 (ここ／そこ／あそこ／どこ)
- 위치 (位置)
- ~에 무엇이 있습니까? (~に何がありますか)
- ~이/가 있습니다/없습니다 (~があります／ありません)
- ~에 있습니까?/~에 있습니다 (~にありますか／~にあります)

Lesson 5　제 일주일 계획표입니다　37
私の一週間の計画表です。

ポイント
- ~에 무엇을 합니까? (~(時)に何をしますか)
- ~을/를 합니다 (~を(し)ます)
- ~지 않습니다 (~(し)ません, ~くありません, ~ではありません)
- 안~ (~(し)ません, ~くありません)

Lesson 6 이번 주말에 어디에 가십니까? 44
今週末どちらに行かれますか。

ポイント
- ~(으)시~ (~なさる)　・~에 가다 / 오다 (~に行く／~に来る)
- ~겠~ ① (~(し)ます)

Lesson 7 주말에 뭐 하셨습니까? 52
週末、何をなさいましたか。

ポイント
- ~았 / 었~ (~(し)た, ~かった, ~だった)
- ~에서 (~で)　・~고 (~て)

Lesson 8 지금 몇 시입니까? 62
今何時ですか。

ポイント
- ~시~분 (~時~分)　・~에서 ~까지 (~から~まで)
- 얼마나 걸립니까? (どれくらいかかりますか)
- ~(으)로 (~で)　・숫자 (数字)

Lesson 9 생일이 언제입니까? 70
誕生日はいつですか。

ポイント
- 언제입니까? (いつですか)　・날짜 (日付, 日にち)

Lesson 10 취미가 뭐예요? 76
趣味は何ですか。

ポイント
- ~아/어요 (~(し)ます, ~です)　・~이/가 뭐예요? (~は何ですか)
- ~을/를 잘하다/잘 못하다 (~が上手です／~が下手です)

Lesson 11　빵 두 개하고, 우유 좀 주세요　83
パン2つと、牛乳ください。

ポイント
- ～(으)십시오 / ～(으)세요 ① (～(し)て下さい)
- ～(으)세요? ② (～なさいますか)
- 얼마예요? (いくらですか)　・～에 ～원이에요 ((～つ)で～ウォンです)

Lesson 12　그럼, 같이 갑시다　92
じゃあ、一緒に行きましょう。

ポイント
- ～(으)ㅂ시다 (～(し)ましょう)
- ～(으)러 가다 / 오다 (～(し)に行く／～(し)に来る)
- ～지만 (～けど)

Lesson 13　교대 역에 내려서 3호선으로 갈아타세요　99
教大駅で降りて3号線に乗り換えてください。

ポイント
- ～(으)ㄹ 수 있다/없다 (～できる／～できない)
- 못～ (～できない)　・～아 / 어서～ ① (～(し)て～)

Lesson 14　제가 할 거예요　106
私がします。

ポイント
- ～(으)ㄹ 거예요 ① (～(する)つもりです)
- ～(으)니까 (～ので, ～から)
- ～지 마세요 (～(し)ないでください)

Lesson 15　퇴근 후에 회사 앞에서 만날까요?　114
退社後に会社の前で会いましょうか。

ポイント
- ～(으)ㄹ 까요? ①② (～しましょうか)
- ～고 싶다/싶어하다 (～したい／～したがる)
- ～아/어서～ ② (～て／～ので／～から)

 **설악산에 가 봤어요?** 121
　　雪岳山に行ったことがありますか。

ポイント
- ~때문에/~기 때문에 (~のために／~から)
- ~아/어 보다 (~(し)てみる)　　・날씨 (天気)

 **이민수 씨 좀 바꿔 주세요** 129
　　イ・ミンスさんに代わってください。

ポイント
- ~아/어 주다/드리다 (~(し)てあげる、~(し)てさしあげる)
- ~고 있다 (~(し)ている)

 **어디로 가야 돼요?** 136
　　どっちに行けばいいですか。

ポイント
- ~(으)려고 한다 (~(し)ようとする)
- ~(으)면 (~(す)れば, ~(す)ると)
- ~아/어/야 되다(하다) (~(し)なければならない)

 **이 바지 입어 봐도 돼요?** 144
　　このズボン、はいてみてもいいですか。

ポイント
- 형용사의 관형형 (形容詞の連体形)
- ~아/어도 된다 (~(し)てもよい)
- ~(으)면 안 된다 (~(し)てはいけません)

 **잘 아는 곳이 있어요?** 153
　　知っているところがありますか。

ポイント
- 동사의 관형형 (動詞の連体形)

기타 단어와 표현 (その他の単語と表現)　158

문형 (文型)　167

부록 (付録)　170

토요일

잘 들으십시오.	よく聞いて下さい。
듣고 따라하십시오.	聞いて言って下さい。
듣고 대답하십시오.	聞いて答えて下さい。
읽으십시오.	読んで下さい。
쓰십시오.	書いて下さい。
말하십시오.	言って下さい。
책을 보십시오.	本を見て下さい。
책을 보지 마십시오.	本を見ないで下さい。
한 번 더 말해 주십시오.	もう一度言って下さい。
외우십시오.	覚えて下さい。
알겠습니까?	わかりましたか。
네, 알겠습니다.	はい、わかりました。
아니오, 모르겠습니다.	いいえ、わかりません。
질문이 있습니까?	質問はありますか。
네, 있습니다.	はい、あります。
아니오, 없습니다.	いいえ、ありません。
~은/는 한국말로 무엇입니까?	〜は韓国語で何と言いますか。
무슨 의미입니까?	どういう意味ですか。
숙제입니다.	宿題です。
수고하셨습니다.	お疲れさまでした。
내일 만납시다.	明日(また)会いましょう。

안녕하십니까? 처음 뵙겠습니다
こんにちは。はじめまして。

안녕하십니까? 처음 뵙겠습니다.
저는 이민수입니다.

안녕하세요? 저는 스티브입니다.
만나서 반갑습니다.

저는 다나카입니다.
잘 부탁드립니다.

다나카 씨는 중국 사람입니까?

아니요, 저는 일본 사람입니다.
스티브 씨는 어느 나라 사람입니까?

저는 캐나다 사람입니다.

안녕하십니까?/안녕하세요?	こんにちは, おはようございます, こんばんは	잘 부탁드립니다	よろしくお願いします
처음 뵙겠습니다	はじめまして	~씨	~さん
저	私	중국	中国
~은/는	~は	사람	人
~이다/입니다	~だ／です	~입니까?	~ですか
만나서 반갑습니다	お会いできてうれしいです	아니요	いいえ
		일본	日本
		어느 나라	どの国
		캐나다	カナダ

本文和訳

- こんにちは。はじめまして。
  私はイ・ミンスです。
- こんにちは。私はスティーブです。
  お会いできてうれしいです。
- 私は田中です。
  どうぞよろしくお願いします。
- 田中さんは中国人ですか。
- いいえ、私は日本人です。
  スティーブさんはどの国の方ですか。
- 私はカナダ人です。

저는 **김선아**입니다.
저는 **학생**입니다.

CD-05

보기

사라(선생님)
저는 사라입니다.
저는 선생님입니다.

 아민(의사)

 안나(점원)

1 저는 _____ 입니다.
   저는 _____ 입니다.

2 저는 _____ 입니다.
   저는 _____ 입니다.

 칼로스(운동 선수)

잉가(변호사)

마이클(회사원)

3 저는 _____.
   저는 _____.

4 _____.
   _____.

5 _____.
   _____.

압바스(운전사)

 노리코(주부)

조용필(가수)

6 _____.
   _____.

7 _____.
   _____.

8 _____.
   _____.

13

가 다나카 씨는 일본 사람입니까?
나 네, 일본 사람입니다.
가 다나카 씨는 대학생입니까?
나 아니요, 회사원입니다.

보기

가 마리 씨는 프랑스 사람입니까?
나 네, 프랑스 사람입니다.
가 마리 씨는 학생입니까?
나 아니요, 주부입니다.

1

가 존 씨는 미국 사람입니까?
나 아니요, _____.
가 존 씨는 요리사입니까?
나 네, _____.

2

가 수니사 씨는 한국 사람입니까?
나 _____.
가 수니사 씨는 영화 배우입니까?
나 _____.

3

가 마리오 씨는 독일 사람입니까?
나 _____.
가 마리오 씨는 경찰관입니까?
나 _____.

4 가 미구엘 씨는 어느 나라 사람입니까?
나 _____.
가 미구엘 씨는 운전사입니까?
나 _____.

5 가 나타샤 씨는 어느 나라 사람입니까?
나 _____.
가 나타샤 씨는 기술자입니까?
나 _____.

Activity

반 친구들의 명함을 만들어 봅시다.

보기

한국 대학교
대학생   **프레드 베커**

안녕하세요? 처음 뵙겠습니다.
저는 프레드 베커입니다.
저는 대학생입니다.
만나서 반갑습니다.

나라

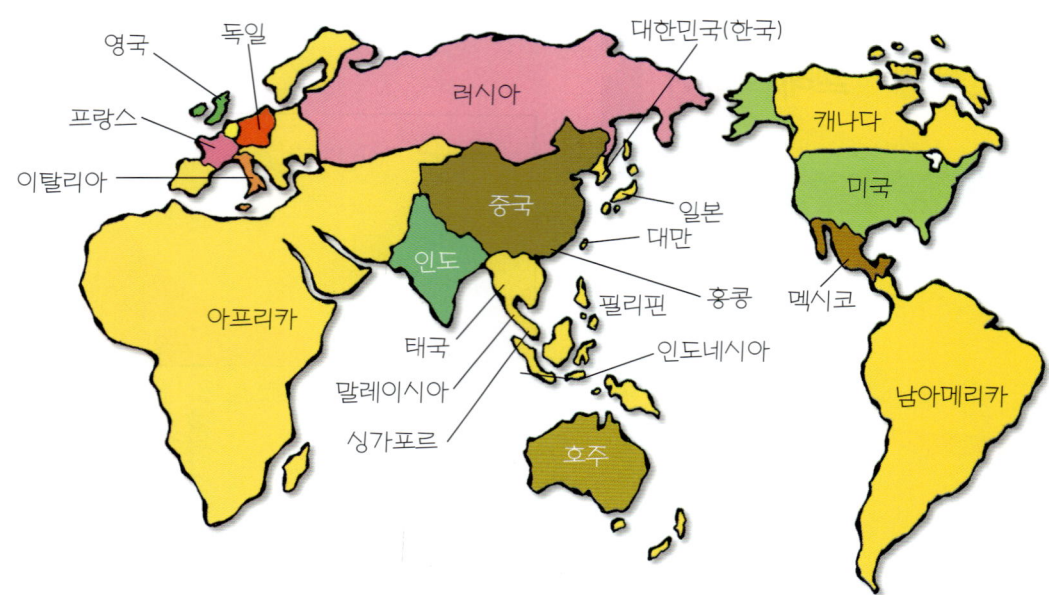

직업

비서

은행원

통역사

미용사

기술자

소방관

이것은 무엇입니까?

これは何ですか。

- 이것은 무엇입니까?
- 그것은 팩스입니다.
- 저것도 팩스입니까?
- 아니요, 저것은 팩스가 아닙니다. 복사기입니다.
- 그럼, 이것은 무엇입니까?
- 그것은 제 노트북입니다.
- 아, 그렇습니까? 알겠습니다.

이것	これ
무엇	なに
그것	それ
팩스	ファックス
저것	あれ
～도	～も
～가 아닙니다	～ではありません
복사기	コピー機
그럼	それでは
제	私の
노트북	ノートパソコン
아, 그렇습니까?	あぁ、そうですか
알겠습니다	わかりました

本文和訳

これは何ですか。
それはファックスです。
あれもファックスですか。
いいえ、あれはファックスじゃありません。
コピー機です。
じゃあ、これは何ですか。
それは私のノートパソコンです。
ああ、そうですか。わかりました。

가 이것은 무엇입니까?
나 그것은 창문입니다.

보기
가 그것은 무엇입니까?
나 이것은 잡지입니다.

1. 가 이것은 _____?
   나 그것은 _____.

2. 가 저것은 _____?
   나 _____.

3. 가 _____?
   나 _____.

4. 가 저것도 컵입니까?
   나 네, _____.

5. 가 이것도 시계입니까?
   나 아니요, _____.

가 책상입니까?
나 아니요, 책상이 아닙니다.
  의자입니다.

보기
가 라디오입니까?
나 아니요, 라디오가 아닙니다.
  시계입니다.

1 가 책입니까?
  나 아니요, _____이 아닙니다.
    _____입니다.

2 가 텔레비전입니까?
  나 아니요, _____.
    _____.

3 가 연필입니까?
  나 아니요, _____.
    _____.

4 가 사진입니까?
  나 _____.
    _____.

5 가 치마입니까?
  나 _____.
    _____.

6 가 우유입니까?
  나 _____.
    _____.

7 가 옷장입니까?
  나 _____.
    _____.

8 가 필통입니까?
  나 _____.
    _____.

Activity 학생 1

1-① 아래 그림을 보고 거실에 있는 물건들을 '학생 2'에게 물어서 빈 칸을 채우십시오.

> 보기 학생1 "가"는 무엇입니까?   학생2 천장입니다.

	거실
가	천장
나	
다	
라	
마	

거실

1-② '학생 2'가 묻는 물건들을 아래 그림을 보고 찾아서 알려 주십시오.

(나) 창문 (마) 거울 (가) 문 (다) 옷장 (라) 침대

방

2 교실에 있는 물건이 무엇인지 한 친구에게 물어 보십시오. 질문이나 대답이 틀리면 탈락합니다. 마지막까지 남는 사람이 승리자입니다.

Activity 학생 2

1-① '학생 1'이 묻는 물건들을 아래 그림을 보고 찾아서 알려 주십시오.

거실

1-② 아래 그림을 보고 방에 있는 물건들을 '학생 1'에게 물어서 빈 칸을 채우십시오.

> 보기 학생2 "가"는 무엇입니까?   학생1 문입니다.

방

	방
가	문
나	
다	
라	
마	

2 교실에 있는 물건이 무엇인지 한 친구에게 물어 보십시오. 질문이나 대답이 틀리면 탈락합니다. 마지막까지 남는 사람이 승리자입니다.

Lesson 3

이 분은 누구입니까?

この方はどなたですか。

- 이 사진이 스티브 씨 가족 사진입니까?
- 네, 그렇습니다.
- 이 분은 누구입니까?
- 제 아버지입니다.
- 그럼, 이 분은 스티브 씨 어머니입니까?
- 네, 그 분은 제 어머니입니다.
- 인상이 참 좋습니다.
- 그렇습니까? 감사합니다.

이 / 그 / 저 / 어느	この／その／あの／どの
가족	家族
네, 그렇습니다	はい、そうです
～분	～方（かた）
누구	誰
아버지	お父さん
어머니	お母さん
인상이 참 좋습니다	印象がとてもいいです
감사합니다	ありがとうございます

本文和訳

- この写真がスティーブさんの家族の写真ですか。
- はい、そうです。
- この方はどなたですか。
- 私の父です。
- じゃあ、この方はスティーブさんのお母さんですか。
- はい、それは私の母です。
- 印象がとてもいいですね。
- そうですか。ありがとうございます。

Lesson 3

이 / 그 / 저 / 어느 ~

CD-11

이 분

그 분

저 분

어느 분?

	사람	사물	장소	방향
이 ~	이 사람(분)	이것	여기	이쪽
그 ~	그 사람(분)	그것	거기	그쪽
저 ~	저 사람(분)	저것	저기	저쪽
어느 ~	누구(어느 분)	어느 것, 무엇	어디	어느 쪽

이 남자는 누구입니까?
김영호 씨입니다.
김영호 씨는 이수미 씨의 남편입니다.

이 여자는 누구입니까?
이수미 씨입니다.
이수미 씨는 김영호 씨의 아내입니다.

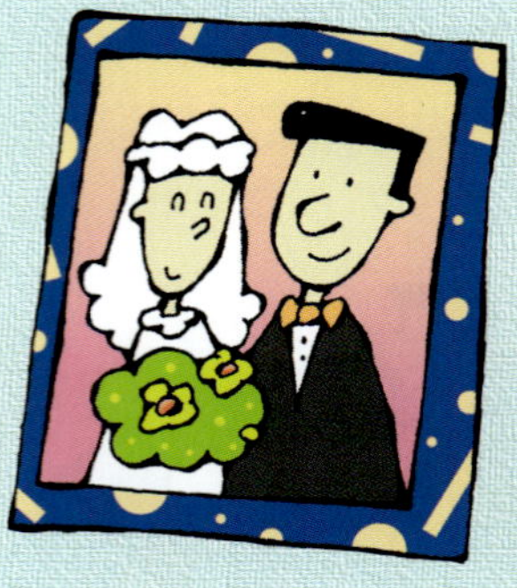

보기 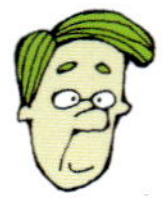
가 이 분은 누구입니까?
나 김영호 씨의 아버지입니다.

1 가 이 아이는 누구입니까?
   나 _____.

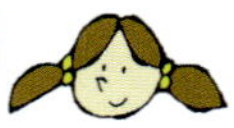

2 가 _____?
   나 _____.

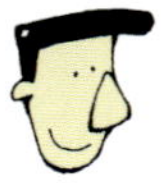

3 가 _____?
   나 _____.

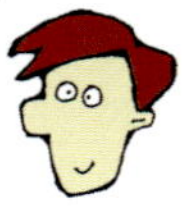

4 가 _____?
   나 _____.

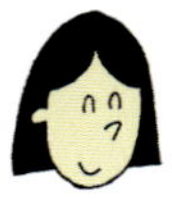

5 가 _____?
   나 _____.

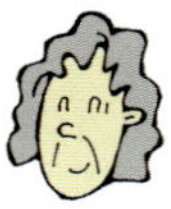

Activity 학생 1

아래는 박소영 씨의 가족 그림입니다. '학생 2'에게 물어서 □에 쓰십시오.

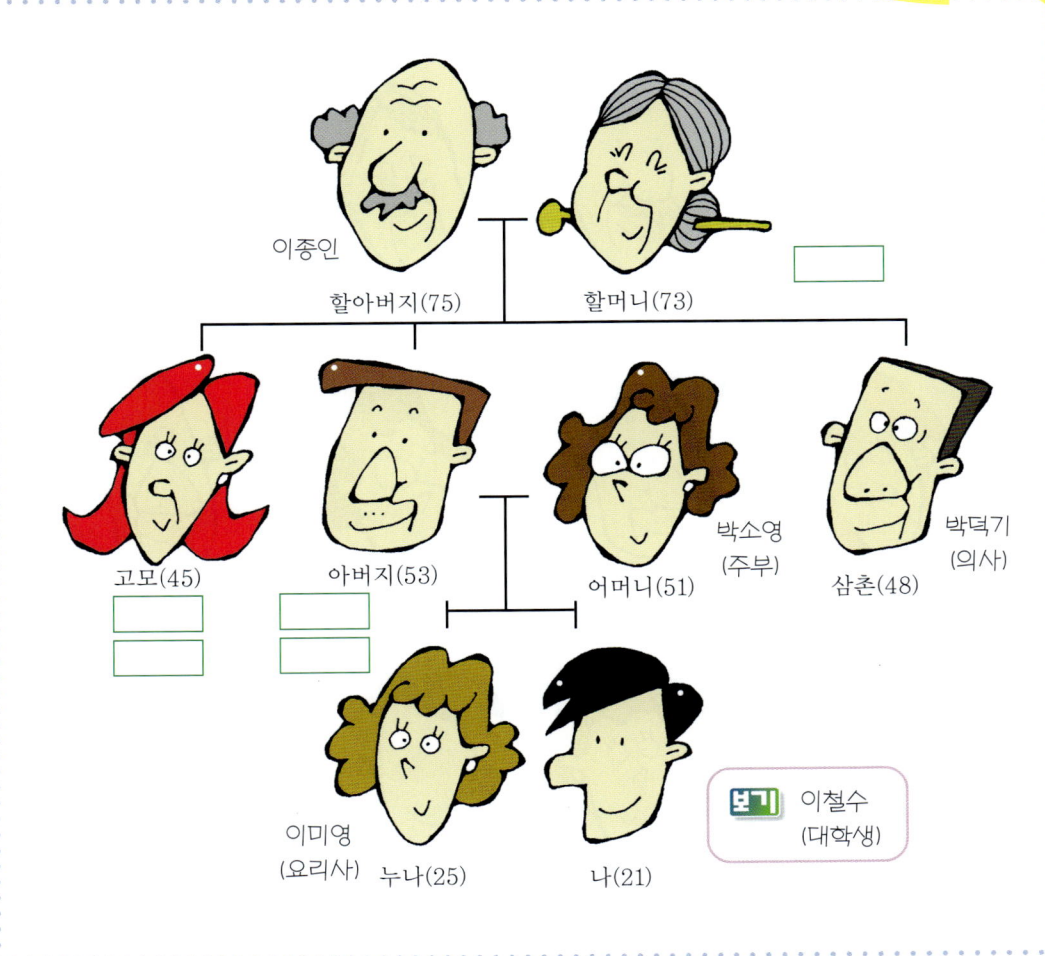

① 박소영 씨의 아들은 누구입니까?
② 이철수입니다.
③ 직업은 무엇입니까?
④ 대학생입니다.

여러분의 가족을 소개해 보십시오.

Activity 학생 2

아래는 이소영 씨의 가족 그림입니다. '학생 1'에게 물어서 ☐에 쓰십시오.

① 박소영 씨의 아들은 누구입니까?
② 이철수입니다.
③ 직업은 무엇입니까?
④ 대학생입니다.

여러분의 가족을 소개해 보십시오.

매점은 어디에 있습니까?

売店はどこにありますか。

- 여기가 식당입니다.
  그리고, 저기가 휴게실입니다.
- 매점은 어디에 있습니까?
- 휴게실 옆에 있습니다.
  화장실은 계단 오른쪽에 있습니다.
- 그럼, 강의실은 어디에 있습니까?
- 강의실은 여기에 없습니다.
  강의실은 옆 건물에 있습니다.

여기	ここ	있다 / 있습니다	ある, いる／あります, います
~이 / 가	～が	화장실	トイレ
식당	食堂	계단	階段
그리고	そして	오른쪽	右側
저기	あそこ	강의실	講義室
휴게실	休憩室	없다 / 없습니다	ない・いない／ありません・いません
매점	売店	건물	建物
어디에	どこに		
있습니까?	ありますか, いますか		
옆	隣, 横		

本文和訳

ここが食堂です。
そして、あそこが休憩室です。
売店はどこにありますか。
休憩室の横にあります。
トイレは階段の右にあります。
じゃあ、講義室はどこにありますか。
講義室はここにはありません。
講義室は隣の建物にあります。

여기 / 거기 / 저기 / 어디

CD-14

여기

거기

저기

어디?

위치

CD-15

위  / 아래, 밑

앞  / 뒤

속  / 안 밖

옆    왼쪽 가운데 오른쪽
            (사이)

가 책상 옆에 무엇이 있습니까?
나 침대가 있습니다.

가 의자는 어디에 있습니까?
나 책상 앞에 있습니다.

보기  가 책상 앞에 무엇이 있습니까?
　　　　　나 휴지통이 있습니다.

보기   가 창문은 어디에 있습니까?
　　　　　나 칠판 오른쪽에 있습니다.

1  가 창문 밖에 무엇이 있습니까?
　　　　나 _____.

1  가 책은 어디에 있습니까?
　　　　나 _____.

2  가 텔레비전 위에 무엇이 있습니까?
　　　　나 _____.

2  가 구두는 어디에 있습니까?
　　　　나 _____.

3  가 시계 왼쪽에 무엇이 있습니까?
　　　　나 _____.

3  가 다나카 씨는 어디에 있습니까?
　　　　나 _____.

4   가 의자 위에 무엇이 있습니까?
　　　　나 _____.

4 가 전화기는 어디에 있습니까?
　　나 _____.

가 문 옆에 복사기가 있습니까?
나 네, 문 옆에 복사기가 있습니다.
가 문 옆에 창문이 있습니까?
나 아니요, 문 옆에 창문이 없습니다.

마이클 · 아민 · 아사코

맞는 답에 ✓표 하십시오.

		있습니다	없습니다
보기	책상 위에 컵이 있습니까?		✓
1	연필 오른쪽에 지우개가 있습니까?		
2	아사코 씨의 의자 밑에 공책이 있습니까?		
3	칠판 앞에 선생님이 있습니까?		
4	지도 앞에 컴퓨터가 있습니까?		
5	아민 씨의 왼쪽에 아사코 씨가 있습니까?		
6	볼펜하고 지우개의 가운데에 연필이 있습니까?		
7	선생님의 책상 뒤에 의자가 있습니까?		
8	마이클 씨의 책상 안에 책이 있습니까?		
9	마이클 씨하고 아사코 씨 사이에 선생님이 있습니까?		

Activity 학생 1

먼저 거실과 화장실에 내 물건들을 놓으십시오.

거실

화장실

방

부엌

'학생 2'의 물건들이 어디에 있는지 '학생 2'에게 물어서 놓으십시오.

> 보기 학생1 어디에 가스 오븐 레인지가 있습니까?
> 학생2 부엌에 있습니다. 식탁 뒤에 있습니다.

······ ✂ 자르는 선 ······

〈학생1 물건〉

욕조   변기   장식장   스탠드

소파   비누   강아지   수건

〈학생2 물건〉

가스 오븐 레인지   옷장   냉장고   화장대

주전자   바지   젓가락   침대

Activity 학생 2

먼저 방과 부엌에 내 물건들을 놓으십시오.

거실 화장실

방 부엌

'학생 1'의 물건들이 어디에 있는지 '학생 1'에게 물어서 놓으십시오.

> 보기 학생1 어디에 욕조가 있습니까?
> 학생2 화장실에 있습니다. 세면대 옆에 있습니다.

······················ 자르는 선 ······················

〈학생1 물건〉

욕조 변기 장식장 스탠드

소파 비누 강아지 수건

〈학생2 물건〉

가스 오븐 레인지 옷장 냉장고 화장대

주전자 바지 젓가락 침대

Lesson 5

제 일주일 계획표입니다

私の一週間の計画表です。

- 다나카 씨, 그것은 무엇입니까?
- 제 일주일 계획표입니다.
- 아, 그래요? 무슨 계획이 있습니까?
- 월요일에 회의를 합니다. 그리고 수요일에 영화를 봅니다.
- 언제 한국어 공부를 합니까?
- 화요일하고 목요일에 합니다.
- 주말에도 한국어 공부를 합니까?
- 아니요, 하지 않습니다. 주말에는 친구들을 만납니다. 그리고, 술을 마십니다. 한국어 공부는 안 합니다.

Vocabulary

일주일	一週間	공부	勉強
계획표	計画表	합니까	しますか
그래요?	そうですか	화요일	火曜日
무슨	どんな, 何の	~하고	~と
월요일에	月曜日に	주말	週末
회의	会議	하지 않다 / 하지 않습니다	
~을/를	~を		しない／しません
하다 / 합니다	する／します	안 하다 / 안 합니다	しない／しません
수요일	水曜日	친구	友達
영화	映画	~들	~達
보다 / 봅니다	見る／見ます	만나다 / 만납니다	会う／会います
언제	いつ	술	お酒
한국어	韓国語	마시다 / 마십니다	飲む／飲みます

本文和訳

田中さん、それは何ですか。

私の一週間の計画表です。

あ、そうですか。どんな計画があるんですか。

月曜日に会議をします。それから水曜日に映画を見ます。

いつ韓国語の勉強をするんですか。

火曜日と木曜日にします。

週末にも韓国語の勉強をしますか。

いいえ、しません。週末には友達に会います。

そして、お酒を飲みます。韓国語の勉強はしません。

동사의 활용

	받침 ○		받침 ×	
평서문	~습니다	먹습니다	~ㅂ니다	갑니다
의문문	~습니까?	먹습니까?	~ㅂ니까?	갑니까?

토요일에 무엇을 **합니까**?
쇼핑을 **합니다**.

보기
가 아침에 무엇을 합니까? 
나 물을 마십니다.

1. 가 월요일에 _____?
   나 _____.

2. 가 일요일에 _____?
   나 _____.

3. 가 오후에 _____?
   나 _____.

4. 가 여러분은 지금 무엇을 합니까?
   나 _____.

가 토요일에 회사에 갑니까?
나 아니요, 가지 않습니다.
 = 아니요, 안 갑니다.

CD-20

보기

가 회사원이 잠을 잡니까?
나 아니요, 잠을 자지 않습니다.
　 아니요, 안 잡니다. 일을 합니다.

1

가 마미코 씨가 음악을 듣습니까?
나 아니요, _____.
　 아니요, _____.

2

가 친구가 노래를 합니까?
나 네, _____.

3

가 수잔티 씨가 공부를 합니까?
나 아니요, _____.
　 아니요, _____.

4

가 날씨가 춥습니까?
나 아니요, _____.
　 아니요, _____.

40

Activity 학생 1

🎬 '학생 2'와 영화를 보려고 합니다.
아래 '학생 1'의 수첩을 보고, '학생 2'와 약속을 하십시오. 언제 만납니까?

5 MAY

8 월요일
10 오전-한국어 수업

9 화요일
12 아들 생일!!
16 -롯데월드-

10 수요일
10 오전-한국어 수업
16 오후-'베를린 필 하모니
18 오케스트라' 공연

11 목요일 석가탄신일
10 오전-청소

12 금요일
10 오전-한국어 수업
16 오후-마미코 씨하고
18 남대문 시장 쇼핑

13 토요일
12 춘천 여행
     ↓
14 일요일
     ↓
MEMO

— 월요일 오후에 무엇을 합니까?

— 월요일에 출장 갑니다.

Activity 학생 2

🎬 '학생 1'과 영화를 보려고 합니다.
아래 달력을 보고, '학생 1'과 약속을 하십시오. 언제 만납니까?

2000 **5** MAY

월요일	화요일	수요일	목요일	금요일	토요일	일요일
8	9	10	11 부처님 오신날	12	13	14
부산출장 →			서울대공원 동물원 구경	오전-한국어 수업	수잔터 씨 생일파티	이 선생님 결혼식

— 월요일 오후에 무엇을 합니까?

— 월요일에 출장 갑니다.

Jump Page

동사 1

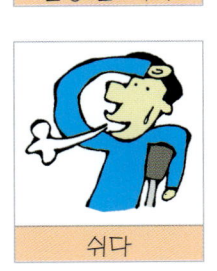

일어나다	자다	먹다	오다	가다
씻다	목욕(을) 하다	보다	이야기(를) 하다	듣다
쓰다	읽다	공부(를) 하다	일(을) 하다	운동(을) 하다
만나다	헤어지다	청소(를) 하다	빨래(를) 하다	쉬다
노래(를) 부르다	요리(를) 하다	말(을) 하다	춤(을) 추다	마시다

Lesson 6
이번 주말에 어디에 가십니까?

今週末どちらに行かれますか。

- 이번 주말에 어디에 가십니까?
- 수영장에 갑니다.
- 자주 수영장에 가십니까?
- 아니요, 가끔 갑니다.
  이번 주말에 같이 가시겠습니까?
- 미안합니다. 다음에 가겠습니다.
  이번 주말에는 그냥 쉬겠습니다.
- 이민수 씨는 무슨 운동을 좋아하십니까?
- 저는 야구를 좋아합니다.

Vocabulary

이번	今度の
가다 / 가십니까?	行く／行かれますか
수영장	プール
자주	よく
가끔	たまに
같이	一緒に
가시겠습니까?	いらっしゃいませんか
미안합니다	すみません
다음에	この次に
쉬다 / 쉬겠습니다	休む／休みます
운동	運動
좋아하다 / 좋아하십니까?	好き／お好きですか
야구	野球

本文和訳

- 今週末どちらに行かれますか。
- プールに行きます。
- プールにはよく行かれるんですか。
- いいえ、たまに行きます。
  今週末、一緒にいらっしゃいませんか。
- すみません。次回行きますよ。
  今週末は何もしないで休みます。
- イ・ミンスさんはどんな運動がお好きですか。
- 私は野球が好きです。

높임말

동사의 기본형 + (으)시	
받침 ○	받침 ×
입다 → 입으시다	가다 → 가시다
받다 → 받으시다	오다 → 오시다
앉다 → 앉으시다	기다리다 → 기다리시다

기타 높임말

① 생일 – 생신
　나이 – 연세
　집 – 댁
　밥 – 진지
　말 – 말씀
　이/그/저/어느 사람 – 이/그/저/어느 분

② 은/는 – 께서는
　이/가 – 께서
　에게, 한테 – 께
　에게서, 한테서 – 께

③ 먹다, 마시다 – 드시다, 잡수시다
　자다 – 주무시다
　있다 – 있으시다, 계시다
　주다 – 드리다
　죽다 – 돌아가시다

Lesson 6

가 선생님께서 무엇을 하십니까?
나 한국어 책을 읽으십니다.

CD-22

보기 
가 아버지께서 무엇을 하십니까?
나 영화를 보십니다.

1 
가 선생님께서 무엇을 하십니까?
나 _____.

2 
가 할머니께서 무엇을 하십니까?
나 _____.

보기 
가 여러분은 무슨 운동을 좋아하십니까?
나 저는 농구를 좋아합니다.

1 가 여러분은 점심에 보통 무엇을 드십니까?
나 _____.

2 가 여러분은 주말에 무엇을 하십니까?
나 _____.

47

가 어디에 갑니까?
나 우체국에 갑니다.

가 내일도 여기에 옵니까?
나 네, 옵니다.

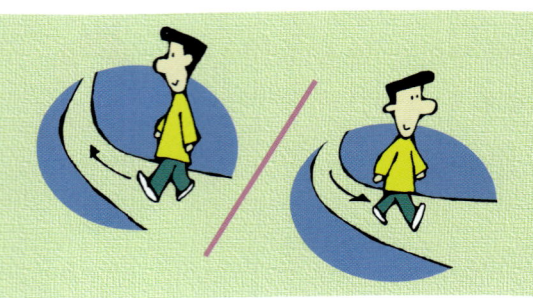

CD-23

보기
가 어디에 갑니까?
나 백화점에 갑니다.

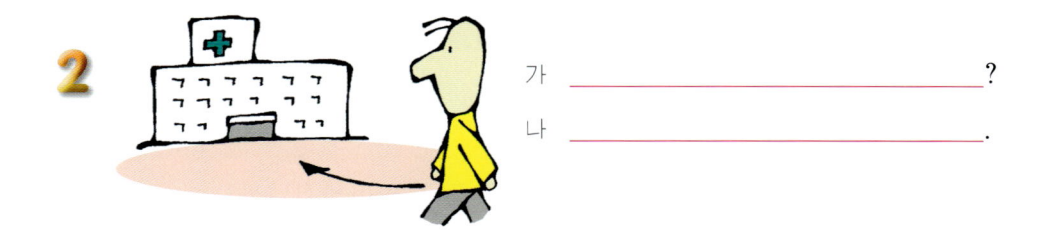

1. 가 _____?
   나 _____.

2. 가 _____?
   나 _____.

3. 가 선생님께서 _____?
   나 _____.

4. 가 내일 회사에 옵니까?
   나 네, _____.

48

Lesson 6

가 이번 주말에 뭐 하시겠습니까?
나 자겠습니다.

〈이번 주의 일기 예보〉

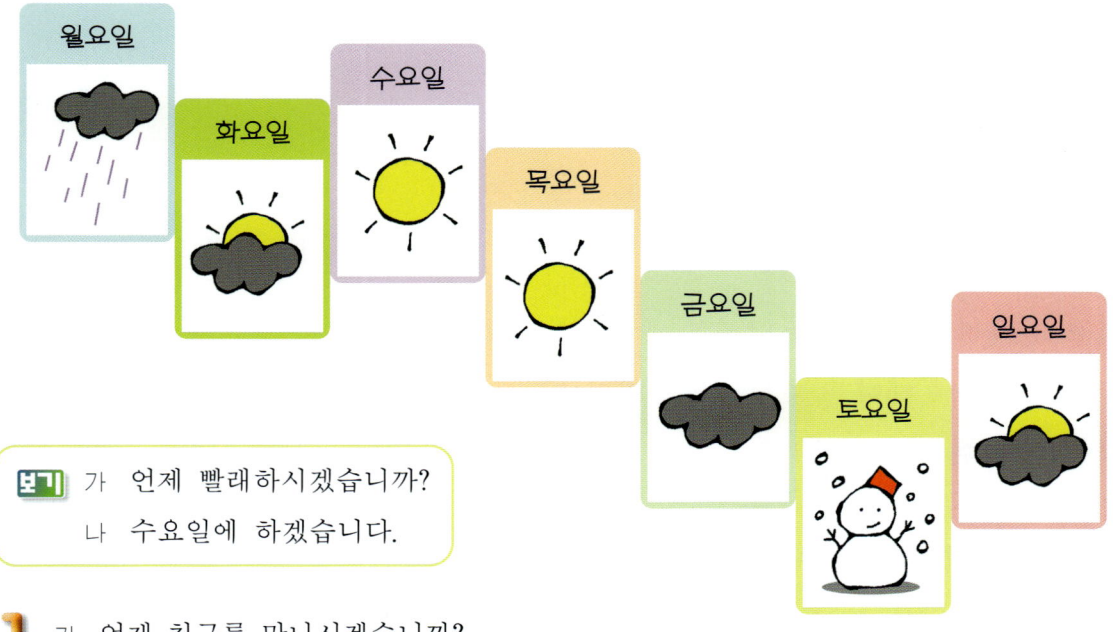

월요일 화요일 수요일 목요일 금요일 토요일 일요일

보기 가 언제 빨래하시겠습니까?
　　 나 수요일에 하겠습니다.

1 가 언제 친구를 만나시겠습니까?
　 나 _____.

2 가 언제 스키장에 가시겠습니까?
　 나 _____.

3 가 언제 책을 읽으시겠습니까?
　 나 _____.

4 가 화요일에 뭐 하시겠습니까?
　 나 _____.

5 가 일요일에 뭐 하시겠습니까?
　 나 _____.

Activity

🔖 친구에게 질문하고 쓰십시오.

질 문	친구 이름:	친구 이름:
한국 음식을 좋아하십니까?		
자주 백화점에 가십니까?		
아침에 커피를 드십니까?		
매일 한국어 공부를 하십니까?		
UFO를 믿으십니까?		
주말에 영화를 보십니까?		
여름에 바다에 가시겠습니까?		
크리스마스에 파티를 하시겠습니까?		
가끔 담배를 피우십니까?		
항상 아침밥을 잡수십니까?		
자주 책을 읽으십니까?		
친구에게 편지를 쓰십니까?		
언제 미장원(이발소)에 가시겠습니까?		
자주 병원에 가십니까?		
이번 주말에 집에 계십니까?		

한국 음식을 좋아하십니까?

아니요, 안 좋아합니다.

네, 좋아합니다.

Jump Page

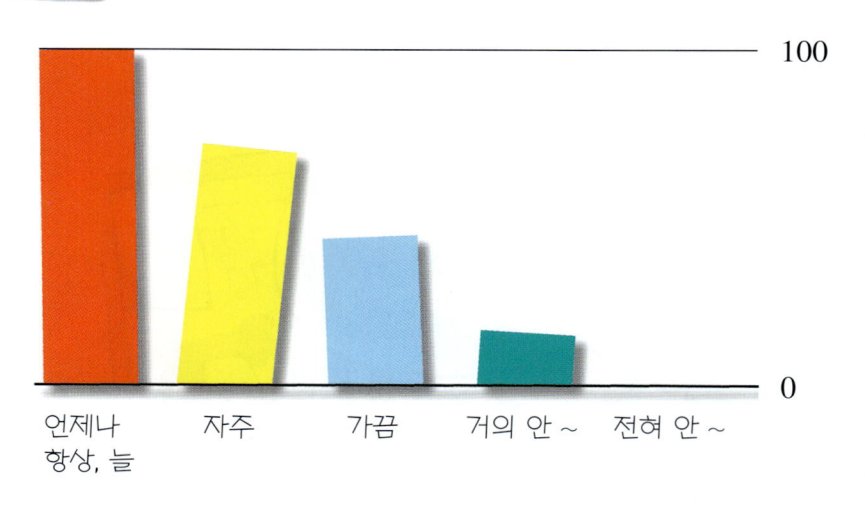

빈도부사

					100

언제나/항상, 늘 　 자주 　 가끔 　 거의 안~ 　 전혀 안~

시점

그저께	어제	오늘	내일	모레	매일
전전주(저저번주)	전주(저번주)	이번주	다음주	다다음주	매주
전전달(저저번달)	전달(저번달)	이달(이번달)	다음달	다다음달	매달
재작년	작년	올해	내년	내후년	매년

Lesson 7

주말에 뭐 하셨습니까?

週末、何をなさいましたか。

- 안녕하세요? 다나카 씨.
- 안녕하세요? 주말 잘 지내셨습니까?
- 네, 다나카 씨는 주말에 뭐 하셨습니까?
- 친구를 만났습니다.

  그리고, 같이 영화를 보고 이야기를 했습니다.
- 영화가 재미있었습니까?
- 네, 아주 재미있었습니다. 김미라 씨는 뭐 하셨습니까?
- 저는 백화점에 갔습니다.

  백화점에서 여러 가지 물건을 사고 구경도 했습니다.

Vocabulary

주말 잘 지내셨습니까?	週末は楽しく過ごされましたか
뭐	何
하다 / 하셨습니까?	する／なさいましたか
만나다 / 만났습니다	会う／会いました
영화를 보다 / 영화를 보고	映画を見る／映画を見て
이야기를 하다 / 이야기를 했습니다	話をする／話をしました
재미있다 / 재미있었습니까?	おもしろい／おもしろかったですか
백화점	デパート
～에서	～で
여러 가지	いろいろ
물건을 사다 / 물건을 사고	品物を買う／品物を買って
구경	見物

本文和訳

- おはようございます。田中さん。
- おはようございます。週末は楽しく過ごされましたか。
- ええ。田中さんは週末に何をなさいましたか。
- 友達に会いました。
  そして、一緒に映画を見て、話をしました。
- 映画はおもしろかったですか。
- ええ、とてもおもしろかったです。キム・ミラさんは何をなさったんですか。
- 私はデパートに行きました。
  デパートでいろいろな物を買って、見物もしました。

동사의 과거형

동사의 어간(모음)	과거형	예
ㅏ, ㅗ	았	가다 → 갔습니다 오다 → 왔습니다 사다 → 샀습니다 보다 → 봤습니다
ㅓ, ㅜ, ㅡ, ㅣ …	었	먹다 → 먹었습니다 웃다 → 웃었습니다 쓰다 → 썼습니다 있다 → 있었습니다
하	했	일하다 → 일했습니다 공부하다 → 공부했습니다 수영하다 → 수영했습니다

🌿 빈 칸에 쓰십시오.

기본형	과거형	기본형	과거형
없다		주다	
읽다		배우다	
자다		가르치다	
입다		잡수시다	
받다		살다	
기다리다		죽다	
만나다		앉다	
노래하다		일어나다	

Lesson 7

가 어제 뭐 했습니까?
나 사무실에서 일을 했습니다.

오늘 어제

CD-26

보기
가 어제 낮에 뭐 했습니까?
나 방에서 편지를 썼습니다.

❀ 어제 낮(방)

1 가 지난주 일요일에 뭐 했습니까?
　　나 _____.

❀ 지난주 일요일(거실)

2 가 그저께 뭐 했습니까?
　　나 _____.

❀ 그저께(도서실)

3 가 지난주 금요일에 뭐 했습니까?
　　나 _____.

❀ 지난주 금요일(백화점)

55

4 가 오늘 아침에 뭐 했습니까?
  나 _____.

🌸 오늘 아침(화장실)

5 가 _____?
  나 _____.

🌸 어제 저녁(계단)

6 가 _____?
  나 _____.

🌸 어젯밤(내 방)

7 가 _____?
  나 _____.

🌸 지지난주 토요일(식당)

8 가 여러분은 작년 여름에 뭐 하셨습니까?
  나 _____.

🌸 작년 여름

Lesson 7

가 지난 금요일에 뭐 했습니까?
나 책을 읽고 밥을 먹었습니다.

지난 금요일

CD-27

보기

일요일

가 지난 일요일에 뭐 했습니까?
나 놀이 동산에 가고 텔레비전을 봤습니다.

월요일

화요일

1 가 지난 월요일에 뭐 했습니까?
　　나 _____.

2 가 지난 화요일에 뭐 했습니까?
　　나 _____.

57

수요일

3 가 지난 수요일에 뭐 했습니까?
　나 _____.

목요일

4 가 지난 목요일에 뭐 했습니까?
　나 _____.

금요일

5 가 지난 금요일에 뭐 했습니까?
　나 _____.

토요일

6 가 여러분은 이번 토요일에 뭐 하시겠습니까?
　나 _____.

Activity 학생 1

1 지난 주말에 제주도에 갔습니다.
다음 그림을 보고 '학생 2'에게 어디에서 무엇을 했는지 말해 주십시오.

> [보기] 성산 일출봉에서 일출을 봤습니다.

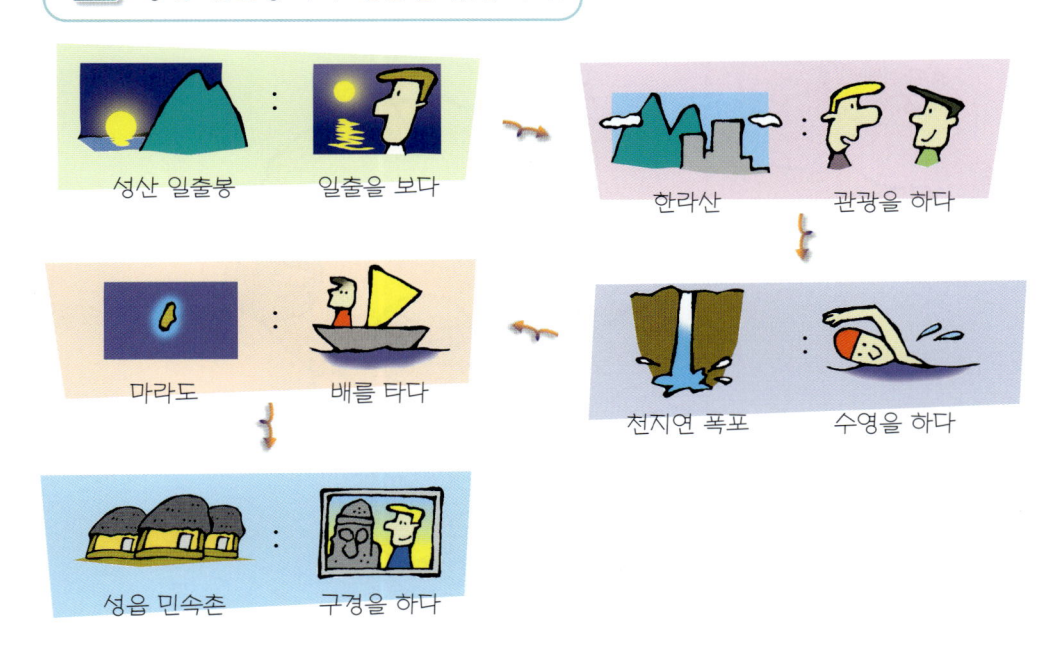

성산 일출봉 / 일출을 보다

한라산 / 관광을 하다

마라도 / 배를 타다

천지연 폭포 / 수영을 하다

성읍 민속촌 / 구경을 하다

2 '학생 2'가 설악산에 갔습니다.
어디에 갔었는지 아래 지도에서 찾아서 →로 표시하십시오.

> [보기] 그리고 어디에 갔습니까? 무엇을 했습니까?

✖ 산장
✖ 희운각
✖ 대청봉
✖ 설악폭포
✖ 오색약수

Activity 학생 2

1 '학생 1'이 제주도에 갔습니다.
어디에 갔었는지 아래 지도에서 찾아서 →표로 표시하십시오.

> 보기 그리고 어디에 갔습니까? 무엇을 했습니까?

성산 일출봉(출발)
성읍 민속촌
한라산
천지연 폭포
마라도

2 저번 주말에 설악산에 갔습니다.
다음 그림을 보고 '학생 1'에게 어디에서 무엇을 했는지 말해 주십시오.

> 보기 오색 약수에서 물을 마셨습니다.

오색 약수 : 약수를 마시다
대청봉 : 등산을 하다
산장 : 밥을 먹고 캠프를 하다
설악 폭포 : 사진을 찍다
희운각 : 잠시 쉬다

Jump Page

장소

회사	 학원	 학교	 백화점	 시장
 슈퍼마켓	 은행	 병원	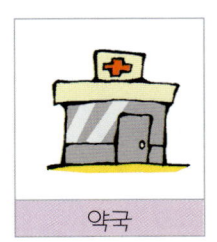 약국	 파출소
 소방서	 우체국	 식당	 세탁소	 이발소
 미장원	편의점	 서점	 극장	호텔
 옷가게	 주유소	 주차장		

Lesson 8

지금 몇 시입니까?

今何時ですか。

- 지금 몇 시입니까?
- 3시 30분입니다. 왜 그러세요?
- 오늘이 친구 생일입니다.

  그래서 5시에 약속을 했습니다.
- 아, 그래요? 어디에서 만납니까?
- 강남 역 근처에서 만납니다.

  여기에서 강남 역까지 얼마나 걸립니까?
- 지하철로 약 40분 걸립니다.
- 알겠습니다. 감사합니다.

Vocabulary

지금	今	약속을 하다	約束(を)する
몇 시입니까?	何時ですか	근처	近所
3시 30분입니다	3時30分です	～에서(출발)	～から(出発)
왜 그러세요?	どうしてですか, どうなさったんですか	～까지	～まで
오늘	今日	얼마나	どれぐらい
생일	誕生日	걸리다/걸립니까?	かかる／かかりますか
그래서	それで	지하철로	地下鉄で
5시	5時	약 40분	約40分

本文和訳

- 今何時ですか。
- 3時30分です。どうしてですか。
- 今日は友達の誕生日なんです。
  それで5時に約束をしたんです。
- あ、そうですか。どこで会うんですか。
- 江南(ガンナム)駅の近くで会います。
  ここから江南(ガンナム)駅までどれぐらいかかりますか。
- 地下鉄で40分ぐらいかかります。
- わかりました。ありがとうございます。

시간 (~시 ~분)

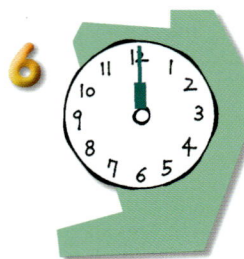

읽어 보십시오.

보기: 세 시 사 분

1.
2.
3.
4.
5.
6.

다음 사진을 보고 대답하십시오.

보기
가 1회는 몇 시에 시작합니까?
나 오전 열 시 이십 분에 시작합니다.

1. 가 2회는 몇 시에 시작합니까?
   나 _____.

2. 가 4회는 몇 시에 시작합니까?
   나 _____.

3. 가 6회는 몇 시에 시작합니까?
   나 _____.

4. 가 친구와 극장에 갔습니다.
   지금은 오후 3시 30분입니다.
   몇 회 영화를 보겠습니까?
   나 _____.

① 10:20 ② 12:30 ③ 2:40
④ 4:50   ⑤ 7:00   ⑥ 9:10

림우 씨의 하루

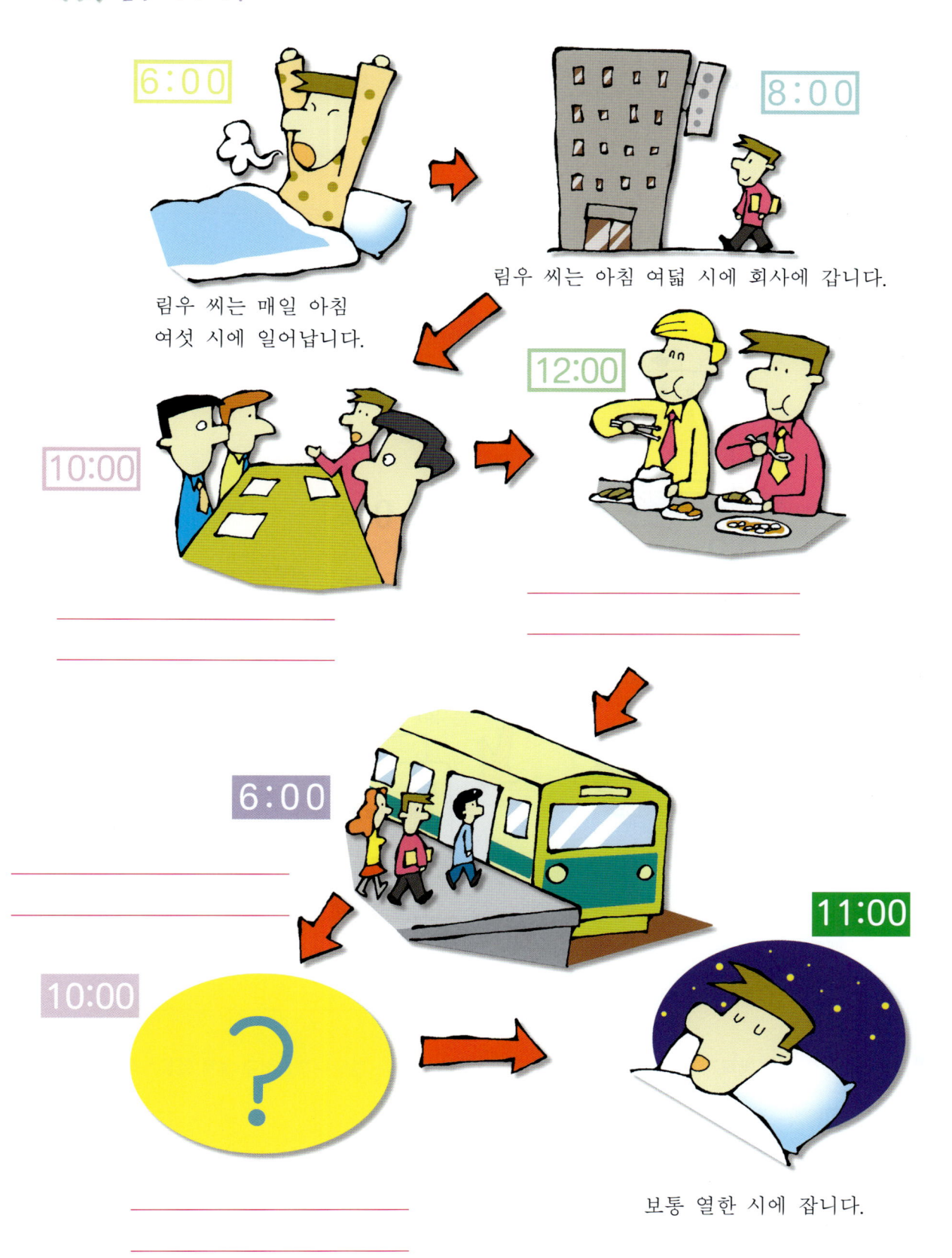

Lesson 8

6:00
림우 씨는 매일 아침 여섯 시에 일어납니다.

8:00
림우 씨는 아침 여덟 시에 회사에 갑니다.

10:00
_____
_____

12:00
_____
_____

6:00
_____
_____

10:00
?
_____
_____

11:00
보통 열한 시에 잡니다.

집에서 학교까지 얼마나 걸립니까?
차로 사십 분 걸립니다.

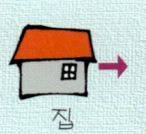

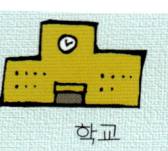

집 → 40분 학교

CD-30

1. 가 _____?
   나 _____.

보기 가 회사에서 병원까지 얼마나 걸립니까?
     나 택시로 오십오 분 걸립니다.

대사관

30 분
(지하철로)

병원

회사

20 분
(걸어서)

집

55 분
(택시로)

1 시간 30 분
(비행기로)

2 시간
(버스로)

제주도

백화점

2. 가 _____?
   나 _____.

3. 가 _____?
   나 _____.

4. 가 _____?
   나 _____.

여러분은 학교까지 무엇을 타고 옵니까? 시간은 얼마나 걸립니까? 친구에게 질문하십시오.

보기 가 집에서 학교까지 얼마나 걸립니까?
     나 걸어서 20분 걸립니다.

| 친구 이름: | |
| 친구 이름: | |

Activity 학생 1

🧍 몇 시부터 몇 시까지입니까? 질문하고 쓰십시오.

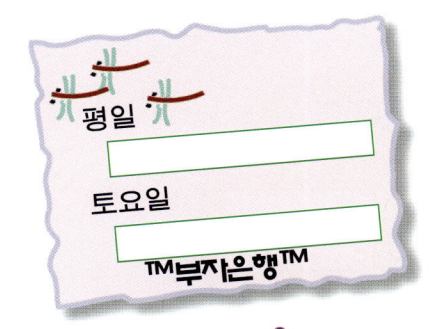

평일 ☐
토요일 ☐
™부자은행™

WELCOME
OPEN   오전 10:00
CLOSED 오후 5:00
❖연중무휴❖
올림픽공원

진료시간
평일 : 오전   9:00 ~ 12:30
　　 점심시간 12:30 ~ 1:30
　　 오후   1:30 ~ 6:00
토요일 : 오전 9:00 ~ 1:00
일요일 · 공휴일 : 휴진
　　　　　　- 서울병원 -

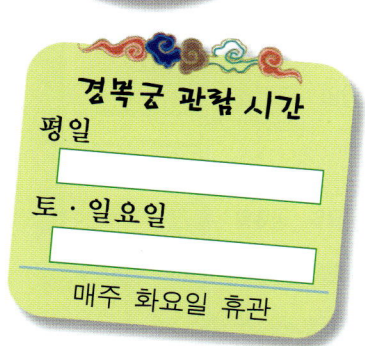

경복궁 관람 시간
평일
☐
토 · 일요일
☐
매주 화요일 휴관

OPEN ☐
CLOSED ☐
❖연중무휴❖
현대백화점

강남우체국
평 일: 오전 9:00~오후 6:00
토요일: 오전 9:00~오후 1:00

- 이용해 주셔서 감사합니다 -

🧍 반 친구들의 전화번호를 물어 보고 쓰십시오.

> **보기** 가 전화 번호가 <u>몇 번</u>입니까?
> 나 <u>삼일이</u>에 <u>사오육공</u>입니다. → 312-4560

이름	전화 번호	이름	전화 번호

Activity 학생 2

🌸 몇 시부터 몇 시까지입니까? 질문하고 쓰십시오.

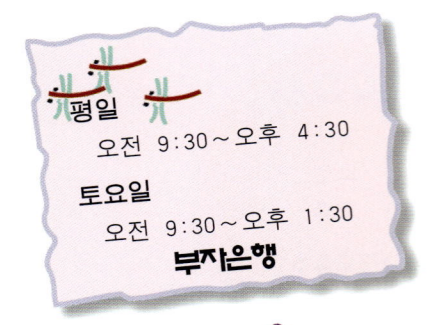

부자은행
평일 오전 9:30 ~ 오후 4:30
토요일 오전 9:30 ~ 오후 1:30

올림픽공원
WELCOME
OPEN ☐
CLOSED ☐
❖연중무휴❖

서울병원 - 진료시간
평일 : 오전 ☐
점심시간 ☐
오후 ☐
토요일 : 오전 ☐
일요일·공휴일 : 휴진

경복궁 관람 시간
평일
오전 9:00 ~ 오후 6:00
토·일요일
오전 9:00 ~ 오후 7:00
매주 화요일 휴관

현대백화점
OPEN　AM 10:30
CLOSED　PM　7:00
❖연중무휴❖

강남우체국
평　일 : ☐
토요일 : ☐
- 이용해 주셔서 감사합니다 -

🌿 반 친구들의 전화번호를 물어 보고 쓰십시오.

> 보기　가 전화 번호가 몇 번입니까?
> 　　　 나 삼일이에 사오육공입니다. → 312-4560

이름	전화 번호	이름	전화 번호

Jump Page

🌀 숫자

1	일	하나(한)	11	십일	열하나(열한)	30	삼십	서른
2	이	둘(두)	12	십이	열둘(열두)	40	사십	마흔
3	삼	셋(세)	13	십삼	열셋(열세)	50	오십	쉰
4	사	넷(네)	14	십사	열넷(열네)	60	육십	예순
5	오	다섯	15	십오	열다섯	70	칠십	일흔
6	육	여섯	16	십육	열여섯	80	팔십	여든
7	칠	일곱	17	십칠	열일곱	90	구십	아흔
8	팔	여덟	18	십팔	열여덟	100	백	백
9	구	아홉	19	십구	열아홉	1,000	천	천
10	십	열	20	이십	스물(스무)	10,000	만	만

🌀 ~ 시

한 시, 두 시, 세 시, 네 시, 다섯 시, 여섯 시,
일곱 시, 여덟 시, 아홉 시, 열 시, 열한 시, 열두 시

🌀 ~ 분

일 분, 이 분, 삼 분, 사 분, 오 분, 육 분, 칠 분, 팔 분, 구 분, 십 분, 십일 분,
십이 분, 십삼 분, 십사 분, 십오 분, 십육 분, 십칠 분, 십팔 분, 십구 분, 이십 분…
삼십 분(반), 사십 분, 오십 분, 육십 분

Lesson 9

생일이 언제입니까?

誕生日はいつですか。

- 김미라 씨 생일이 언제입니까?
- 양력으로 1월 20일, 음력으로 12월 6일입니다.
- 네? 생일이 두 번입니까?
- 물론 한 번입니다. 하지만, 한국에서 생일은 양력과 음력 두 가지가 있습니다.
- 그럼, 실례지만, 올해 몇 살입니까?
- 비밀입니다.
- 그럼, 무슨 띠입니까?
- 소띠입니다.
- 그럼 27살입니까, 39살입니까?

Vocabulary

언제입니까	いつですか	두 가지	2種類
양력	陽暦	실례지만	失礼ですが
1월 20일	1月20日	올해	今年
음력	陰暦	몇 살입니까?	何歳ですか
12월 6일	12月6日	비밀	秘密
두 번	2回	띠	干支
물론	もちろん	소띠	丑年
한 번	1回	27살	27歳
하지만	でも	39살	39歳

本文和訳

- キム・ミラさんの誕生日はいつですか。
- 陽暦で1月20日、陰暦で12月6日です。
- えっ？ 誕生日が2回ですか。
- もちろん1回ですよ。でも、韓国では、誕生日は陽暦と陰暦の2種類があるんですよ。
- じゃあ、失礼ですが、今年何歳ですか。
- 秘密です。
- じゃあ、干支は何ですか。
- 丑年です。
- じゃあ、27歳ですか、39歳ですか。

가 휴가가 언제입니까?
나 보통 7월 말입니다.

CD-32

5월

일	월	화	수	목	금	토
					일(일) 1	이(일) 2
삼(일) 3	사(일) 4	오(일) 5 어린이날	육(일) 6	칠(일) 7 한국어 시험	팔(일) 8 어버이날	구(일) 9
십(일) 10	십일(일) 11 동창회	십이(일) 12	십삼(일) 13	십사(일) 14	십오(일) 15	십육(일) 16
십칠(일) 17 성년의 날	십팔(일) 18	십구(일) 19	이십(일) 20 토니 씨 결혼 기념일	이십일(일) 21	이십이(일) 22 동생 생일	이십삼(일) 23
이십사(일) 24 / 삼십일(일) 31	이십오(일) 25	이십육(일) 26	이십칠(일) 27	이십팔(일) 28	이십구(일) 29	삼십(일) 30 수미 씨 집들이

보기
가 한국어 시험이 언제입니까?
나 오월 칠일입니다.

보기
가 5월 22일은 무슨 날입니까?
나 동생 생일입니다.

1 가 동창회가 언제입니까?
　나 _____.

1 가 5월 5일은 무슨 날입니까?
　나 _____.

2 가 성년의 날은 언제입니까?
　나 _____.

2 가 5월 8일은 무슨 날입니까?
　나 _____.

3 가 수미 씨 집들이는 언제입니까?
　나 _____.

Activity

1 친구들한테 다음 이야기를 물어서 쓰십시오.

> 보기 생일이 언제입니까?
> 나이는 몇 살입니까?
> 무슨 띠입니까?
> 언제 한국에 왔습니까?

친구 이름	생일 (~월 ~일)	나이 (~살)	띠 (~띠)	한국에 온 날 (~년 ~월)

2 여러분은 몇 월 며칠을 가장 좋아합니까? 그 날은 무슨 날입니까?

> 보기 11월 18일 - 결혼 기념일

~월 ~일	무슨 날?
①	
②	
③	

Jump Page

나이

1	한 살	11	열한 살	21	스물한 살	40	마흔
2	두 살	12	열두 살	22	스물두 살	50	쉰
3	세 살	13	열세 살	23	스물세 살	60	예순
4	네 살	14	열네 살	24	스물네 살	70	일흔
5	다섯 살	15	열다섯 살	25	스물다섯 살	80	여든
6	여섯 살	16	열여섯 살	26	스물여섯 살	90	아흔
7	일곱 살	17	열일곱 살	27	스물일곱 살	100	백
8	여덟 살	18	열여덟 살	28	스물여덟 살		
9	아홉 살	19	열아홉 살	29	스물아홉 살		
10	열 살	20	스무 살	30	서른 살		

일, 이, 삼, 사, 오…	~년 ~월 ~개월 ~주 ~일 ~분 ~초/~세(나이)
하나, 둘, 셋, 넷, 다섯… (한) (두) (세) (네)	~달 ~시/~살(나이)

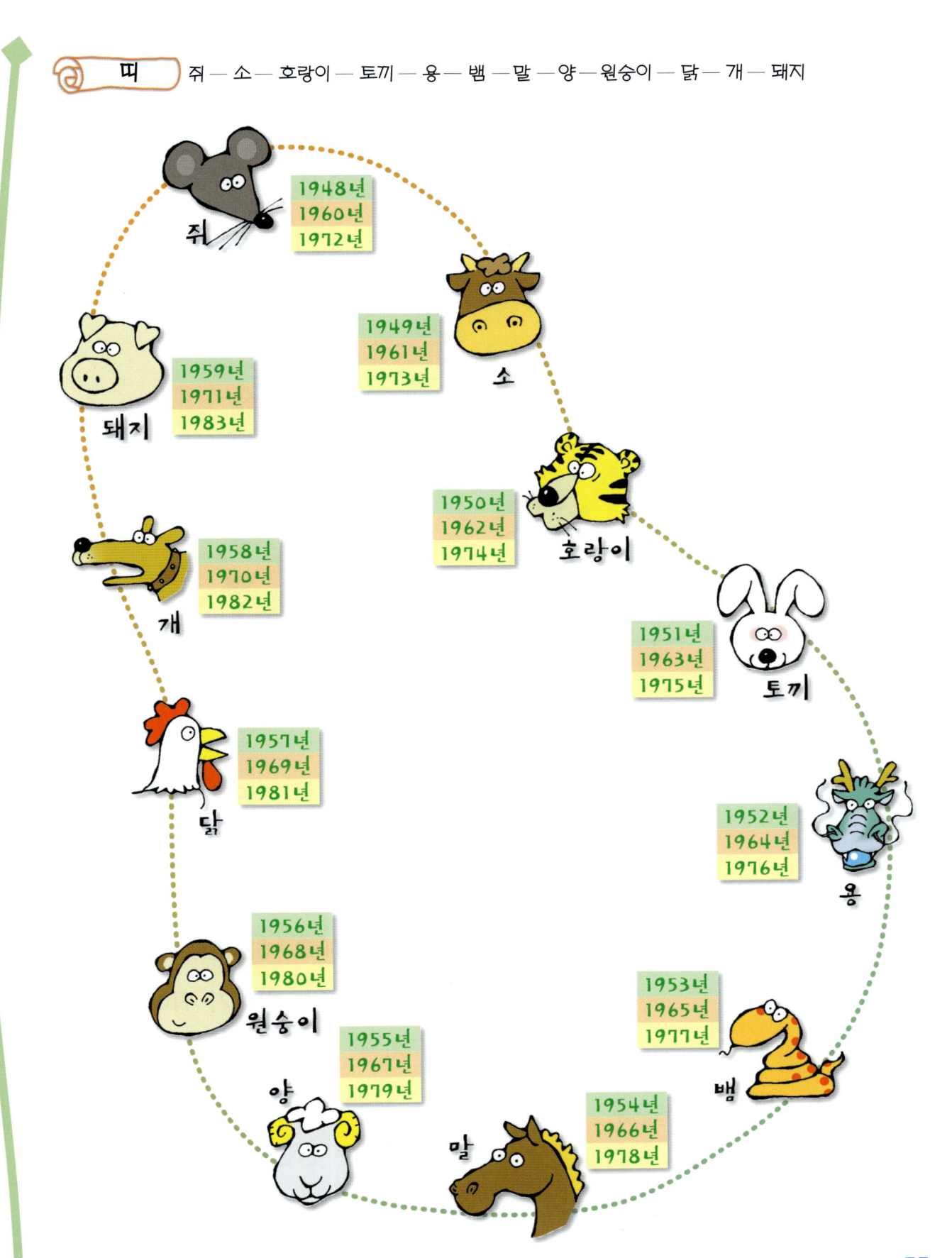

띠 쥐 — 소 — 호랑이 — 토끼 — 용 — 뱀 — 말 — 양 — 원숭이 — 닭 — 개 — 돼지

쥐: 1948년, 1960년, 1972년
소: 1949년, 1961년, 1973년
호랑이: 1950년, 1962년, 1974년
토끼: 1951년, 1963년, 1975년
용: 1952년, 1964년, 1976년
뱀: 1953년, 1965년, 1977년
말: 1954년, 1966년, 1978년
양: 1955년, 1967년, 1979년
원숭이: 1956년, 1968년, 1980년
닭: 1957년, 1969년, 1981년
개: 1958년, 1970년, 1982년
돼지: 1959년, 1971년, 1983년

Lesson 10

취미가 뭐예요?

趣味は何ですか。

- 스티브 씨, 취미가 뭐예요?
- 볼링이에요.
- 볼링 잘해요?
- 잘 못해요. 하지만, 재미있어요.
  미라 씨는 취미가 뭐예요?
- 저는 등산을 좋아해요.
- 그래요?
- 등산은 건강에 참 좋아요.
- 네, 맞아요.

Vocabulary

취미	趣味
뭐예요?	何ですか
볼링	ボーリング
이다 / 이에요	だ／です
잘하다 / 잘해요?	上手だ／上手ですか
잘 못하다 / 잘 못해요	下手だ／下手です
등산	登山
건강	健康
참	とても
좋다 / 좋아요	いい／いいです
맞다 / 맞아요	その通りだ／その通りです

本文和訳

- スティーブさん、趣味は何ですか。
- ボーリングです。
- ボーリングは上手ですか。
- 下手です。でも、おもしろいです。
  ミラさんの趣味は何ですか。
- 私は登山が好きです。
- そうですか。
- 登山は、健康のためにとてもいいんですよ。
- ええ、そうですね。

~아/어요
~아/어요?

동사의 어간(모음)	~요	예
ㅏ, ㅗ	아요	가다 → 가요 오다 → 와요 좋다 → 좋아요
ㅓ, ㅜ, ㅡ, ㅣ …	어요	먹다 → 먹어요 웃다 → 웃어요 쓰다 → 써요 있다 → 있어요
하	해요	일하다 → 일해요 공부하다 → 공부해요

보기
가 보통 몇 시에 자요?
나 12시에 자요.

1. 가 지금 뭐 해요?
   나 _____.

2. 가 지금 뭐 해요?
   나 _____.

3. 가 지금 뭐 해요?
   나 _____.

4. 가 매일 아침 뭐 먹어요?
   나 _____.

Lesson 10

가 취미가 뭐예요?
나 테니스예요.
가 테니스를 잘해요?
나 아니요, 잘 못해요.

CD-35

1 (○)
가 취미가 뭐예요?
나 _____.
가 골프를 잘 쳐요?
나 _____.

2 (×)
가 _____?
나 볼링이에요.
가 _____?
나 아니요, 잘 못해요.

3 (○)
가 _____?
나 _____.
가 _____?
나 _____.

4 (○)
가 _____?
나 _____.
가 _____?
나 _____.

여러분의 취미는 뭐예요?
친구에게 질문하고 쓰십시오.

친구 이름	취미	잘해요? 재미있어요?

Activity

~아/어요 빙고게임

4개의 그림이 한 줄을 만듭니다. (가로, 세로, 대각선)
먼저 3개의 줄을 만든 사람이 이깁니다. 한 사람씩 말해 보십시오.

> 보기 "요리를 해요" → 각각의 요리 그림을 지웁니다

80

Jump Page

알아두면 좋아요 1

기본형	비격식체		격식체
	받침(○)	받침(×)	
명사 + 이다	명사 + 이에요 명사 + 이에요?	명사 + 예요 명사 + 예요?	명사 + 입니다 명사 + 입니까?

알아두면 좋아요 2

의문문 : ~아/~어요?

> **보기** 가 요즘 한국어 배워요?
> 나 아니요, 일본어 배워요.

명령문 : ~아/~어요.

> **보기** 가 숙제 해요.
> 나 네, 알겠습니다.

청유문 : ~아/어요.

> **보기** 가 우리 영화 보러 가요.
> 나 네, 같이 가요.

알아두면 좋아요 3

ㄷ불규칙

기본형	~ㅂ/습니다	~아/어요	~았/었어요	~고	~(으)세요
듣다	듣습니다	들어요	들었어요	듣고	들으세요
걷다	걷습니다	걸어요	걸었어요	걷고	걸으세요
묻다	묻습니다	물어요	물었어요	묻고	물으세요

여러가지 취미

음악 감상
클래식  | 가요  | 팝송  | 재즈  | 락  | 발라드 

영화 감상
드라마  | 액션  | 멜로  | 코메디  | 공포  | 공상 과학(SF) 

독서
소설  | 수필  | 시  | 만화  | 잡지

운동
축구(를) 하다  | 농구(를) 하다  | 배구(를) 하다  | 야구(를) 하다  | 볼링(을) 하다  | 수영(을) 하다 
태권도(를) 하다  | 스키(를) 타다  | 스케이트(를) 타다  | 테니스(를) 치다  | 골프(를) 치다

Lesson 11

빵 두 개하고, 우유 좀 주세요

パン2つと、牛乳ください。

- 어서 오십시오.
- 빵 두 개하고 우유 좀 주세요.
- 여기 있습니다.
- 얼마예요?
- 빵 한 개에 500원, 우유 한 개에 450원, 모두 1,450원입니다.
- 여기 있어요. 아, 그리고 편지 봉투 3장 주세요.
- 3장에 100원입니다.
- 만 원짜리도 괜찮아요?
- 네, 괜찮습니다. 거스름돈 여기 있어요.
- 안녕히 계세요.
- 감사합니다. 안녕히 가세요.

Vocabulary

어서 오십시오	いらっしゃいませ	편지	手紙
빵	パン	봉투	封筒
두 개	2つ, 2個	3장	3枚
우유	牛乳	만 원짜리	1万ウォン札
좀	ちょっと	괜찮아요?	いいですか, 大丈夫ですか
주다/주세요	あげる, くれる／ください	거스름돈	おつり
얼마예요?	いくらですか	안녕히 계세요	さようなら（行く人が残る人に）
한 개에	一つで	감사합니다	ありがとうございます
500원	500ウォン	안녕히 가세요	さようなら（残る人が行く人に）
450원	450ウォン		
모두	全部		

本文和訳

- いらっしゃいませ。
- パン2つと、牛乳ください。
- どうぞ。
- いくらですか。
- パンが1つ500ウォン、牛乳が1つ450ウォン、全部で1,450ウォンです。
- （お金を差し出しながら）はい。あ、それから封筒3枚ください。
- 3枚で100ウォンです。
- 1万ウォン札でもいいですか。
- ええ、いいですよ。おつりです。
- さようなら。
- ありがとうございました。さようなら。

가 안녕히 가십시오.
나 안녕히 계십시오.
 (안녕히 계세요.)

여기 앉으십시오.
여기 앉으세요.

1. 영민 씨, 7시까지 사무실에 _____.
   영민 씨, 7시까지 사무실에 _____.

2. 린다 씨, 20쪽을 _____.
   린다 씨, 20쪽을 _____.

직접 하세요.

3. 자리에서 일어나세요.
4. 자리에 앉으세요.
5. 눈을 감으세요.
6. 오른손을 올리세요.
7. 오른손을 내리세요.

가 지금 뭐 하세요?
나 책 읽어요.

CD-38

건강을 체크하세요. ☑

예 아니오
담배를 피우세요? ☐ ☐
술을 자주 드세요? ☐ ☐
매일 커피를 드세요? ☐ ☐
가끔 머리가 아프세요? ☐ ☐
밤에 자주 깨세요? ☐ ☐

예 아니오
운동을 하세요? ☐ ☐
아침 식사 하세요? ☐ ☐
잠을 8시간 정도 주무세요? ☐ ☐
날마다 화장실에 가세요? ☐ ☐
지금 행복하세요? ☐ ☐

왼쪽에서 '예'가 많아요? ──────── 건강을 조심하세요.
오른쪽에서 '예'가 많아요? ──────── 건강합니다.
비슷해요? ──────── 보통입니다.

Lesson 11

가 이 사과 얼마예요?
나 한 개에 천 원이에요.

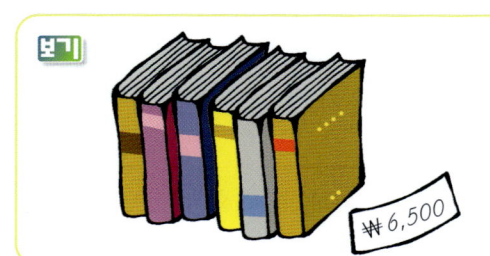

₩1,000

CD-39

보기

₩6,500

가 책이 몇 권 있어요?
나 6권 있어요.
가 한 권에 얼마예요?
나 한 권에 육천 오백 원이에요.

1
가 종이가 몇 장 있어요?
나 _____.
가 한 장에 얼마예요?
나 _____.

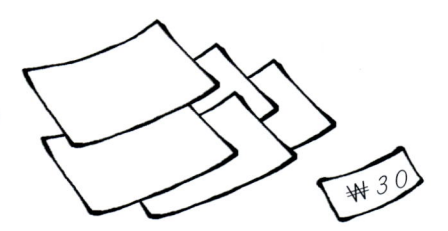

₩30

2 가 꽃이 몇 송이 있어요?
나 _____.
가 한 송이에 얼마예요?
나 _____.

₩1,600

3 가 옷이 몇 벌 있어요?
나 _____.
가 옷 한 벌에 얼마예요?
나 _____.

₩230,000

4 가 구두가 몇 켤레 있어요?
나 _____.
가 한 켤레에 얼마예요?
나 _____.

₩45,000

5 가 차하고 자전거가 몇 대 있어요?
　 나 _____.
　 가 자전거 한 대에 얼마예요?
　 나 _____.

₩74,000

6 가 우유가 몇 잔 있어요?
　 나 _____.
　 가 한 잔에 얼마예요?
　 나 _____.

₩600

7 가 맥주가 몇 병 있어요?
　 나 _____.
　 가 한 병에 얼마예요?
　 나 _____.

₩1,500

8 가 집이 몇 채 있어요?
　 나 _____.

9 가 고양이가 몇 마리 있어요?
　 나 _____.

10 가 몇 사람(명) 있어요?
　　 나 _____.

Activity 학생 1

1 '학생 2'는 슈퍼마켓 주인입니다. 아래 물건을 '학생 2'의 슈퍼마켓에서 팝니다. 슈퍼마켓에서 물건을 사십시오.

빵	주스	우유
컵라면	샴푸	비누
잡지	건전지	과자

2 과일 가게 주인이 되어서 '학생 2'에게 물건을 파십시오.

- 사과 4개 3,000원
- 귤 6개 1,500원
- 복숭아 1개 2,000원
- 배 1개 3,700원
- 바나나 100g 1,080원
- 딸기 1근 2,300원
- 오렌지 2개 3,000원
- 감 3개 2,200원
- 수박 1통 9,400원

Activity 학생 2

1 슈퍼마켓 주인이 되어서 '학생 1'에게 물건을 파십시오.

빵 1,200원
주스 800원
우유 450원
컵라면 850원
샴푸 4,200원
비누 3개 2,000원
잡지 5,600원
과자 500원
건전지 4개 3,000원

2 '학생 1'은 과일 가게 주인입니다. 아래 물건을 '학생 1'의 과일가게에서 팝니다. 과일가게에서 물건을 사십시오.

사과	배	오렌지
귤	바나나	감
복숭아	딸기	수박

Jump Page

현대 백화점

5F 5층	식당가 현대 문화 센터	
4F 4층	가전제품 스포츠용품	
3F 3층	가구 문구 사진 현상소	
2F 2층	신사복 숙녀복 유아·아동용품	
1F 1층	잡화	
B1 지하1층	슈퍼마켓	
B2 지하2층	P 주차장	

Lesson 12

그럼, 같이 갑시다
じゃあ、一緒に行きましょう。

- 스티브 씨, 오래간만이에요. 잘 지내셨어요?
- 네, 덕분에요. 다나카 씨는요?
- 좀 바빴지만 잘 지냈어요. 그런데 지금 어디 가세요?
- 자료실에 가요.
- 그래요? 그럼, 같이 갑시다. 저도 자료실에 가요.
  스티브 씨는 책 읽으러 가세요?
- 아니요, 영화를 보러 가요.
  자료실에 비디오가 많이 있어요.
- 저도 가끔 자료실에서 영화를 봐요.

Vocabulary

오래간만이에요	お久しぶりです
잘 지내셨어요? / 잘 지냈어요?	お元気でしたか
덕분에요	おかげさまで
바쁘다 / 바빴지만	忙しい／忙しかったけれど
지내다	過ごす
그런데	ところで
자료실	資料室
같이	一緒に
가다 / 갑시다	行く／行きましょう
읽다 / 읽으러	読む／読みに
보다 / 보러	見る／見に
비디오	ビデオ
많이	たくさん

本文和訳

- スティーブさん、お久しぶりです。お元気でしたか。
- ええ、おかげさまで。田中さんは。
- 少し忙しかったですけど、元気でしたよ。ところで、どちらにいらっしゃるんですか。
- 資料室に行きます。
- そうですか。じゃあ、一緒に行きましょう。私も資料室に行くんですよ。スティーブさんは本を読みにいらっしゃるんですか。
- いいえ、映画を見に行くんです。資料室にはビデオがたくさんありますよ。
- 私もたまに資料室で映画を見ます。

가 같이 식사합시다.
나 네, 같이 식사해요.
　　네, 같이 식사합시다.

보기 
가 같이 수영장에 갑시다.
나 미안해요, 다음에 가요.
　　미안해요, 다음에 갑시다.

1 가 아이스크림 먹읍시다.
　나 좋아요, _____.
　　 좋아요, _____.

2 가 교실에서는 한국말로 _____.
　　 교실에서는 한국말로 _____.
　나 네, 알겠습니다.

3 가 주말에 _____.
　나 _____.
　　 _____.

4 가 7시에 _____.
　나 그래요, _____.
　　 그래요, _____.

5 가 토요일에 _____.
　나 _____.

6 가 _____.
　나 _____.

가 어디 가세요?
나 공부하러 가요.

CD-42

보기

어디 가세요?   보기 영화 보러 가요.

1 _____.   5 _____.
2 _____.   6 _____.
3 _____.   7 _____.
4 _____.   8 _____.

가 김치 좋아하세요?
나 네, 맵**지만** 좋아해요.

CD-43

보기 열심히 공부했지만, 점수가 나빠요.

1. 제임스 씨는 외국 사람이지만, _____.

2. _____, 배가 고파요.

3. 지하철은 빠르지만, _____.

4. 한국어는 _____, 재미있어요.

🌿 **문장을 만들어 보세요.**

_____ 지만, _____.

Activity

반 친구들과 여행을 갔습니다. 친구들과 같이 하루 계획을 세워 보십시오.

❶ 롤러스케이트 대여점 ❷ 자전거 대여점 ❸ 요트장 ❹ 매점 ❺ 디스코텍 ❻ 수영장 ❼ 낚시터 ❽ 일식집 ❾ 기념품 판매점 ❿ 아이스크림 가게 ⓫ 중식집 ⓬ 한식집 ⓭ 놀이터 ⓮ 테니스장 ⓯ 양식집 ⓰ 골프장

일정표

1.
2.
3.
4.
5.
6.
7.

점심으로 한식을 먹읍시다.

좋아요. 그리고, 아이스크림을 먹으러 갑시다.

Jump Page

동사 2

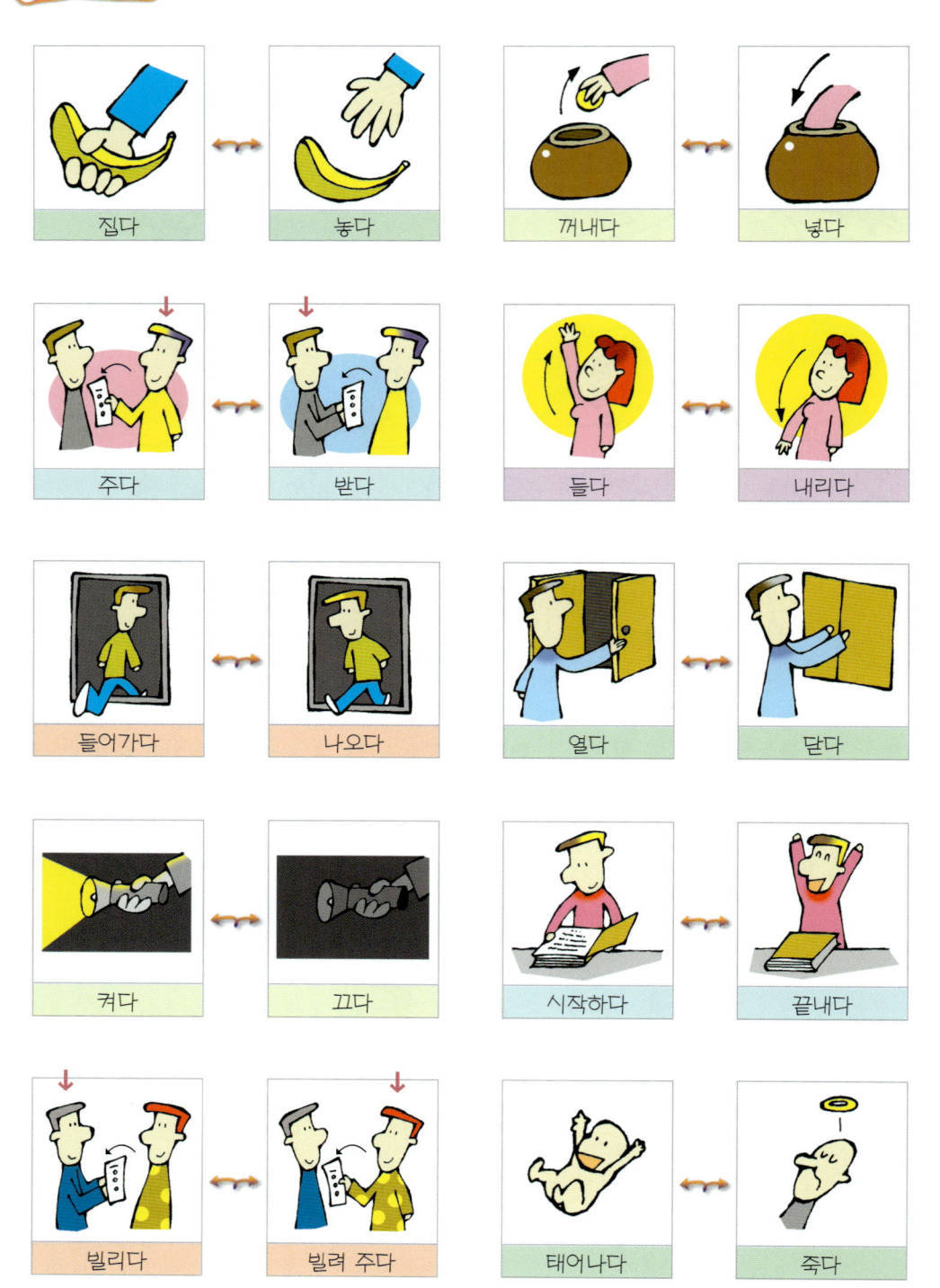

집다	놓다
꺼내다	넣다
주다	받다
들다	내리다
들어가다	나오다
열다	닫다
켜다	끄다
시작하다	끝내다
빌리다	빌려 주다
태어나다	죽다

Lesson 13
교대 역에 내려서 3호선으로 갈아타세요

- 이민수 씨, 오늘 회식에 가세요?
- 아니요, 저는 못 가요. 하지만 김미라 씨는 가요.
- 그래요? 김미라 씨, 회식 장소가 어디예요?
- 압구정 역 근처예요.
- 압구정 역에 어떻게 가요?
- 지하철로 가세요.
- 몇 호선을 타요?
- 먼저 2호선을 타세요. 그리고 교대 역에 내려서 3호선으로 갈아타세요. 그리고, 압구정 역에서 내리세요.
- 역에서 멀어요?
- 아니요, 가까워요. 걸어서 갈 수 있어요.

Vocabulary

회식	食事会	교대 역	教大駅(キョデ駅)
못~	~できない	내리다/내려서	降りる/降りて
장소	場所	3호선으로	3号線に
어디예요?	どこですか	갈아 타다	乗り換える
압구정 역	狎鴎亭駅(アックジョン駅)	멀다	遠い
어떻게 가요?	どうやって行きますか	가깝다	近い
몇 호선	何号線	걷다/걸어서	歩く/歩いて
먼저	まず	가다/갈 수 있어요	行く/行けます

本文和訳

- イミンスさん、今日食事会にいらっしゃいますか。
- いいえ、私は行けません。でもキムミラさんは行きます。
- そうですか。キムミラさん、食事会の場所はどこですか。
- 狎鴎亭駅の近くです。
- 狎鴎亭駅までどうやって行けばいいですか。
- 地下鉄で行ってください。
- 何号線に乗ればいいですか。
- まず2号線に乗ってください。それから教大駅で降りて、3号線に乗り換えてください。それから狎鴎亭駅で降りてください。
- 駅から遠いですか。
- いいえ、近いです。歩いて行けますよ。

Lesson 13

가 비빔밥을 먹을 수 있어요?
나 네, 먹을 수 있어요.
가 삼계탕도 먹을 수 있어요?
나 먹을 수 없어요. 못 먹어요.

(○)   (×)

CD-45

보기

농구는 할 수 있지만, 테니스는 칠 수 없어요.
농구는 할 수 있지만, 테니스는 못 쳐요.

(○)   (×)

1 영어 신문은 읽을 수 있지만, _____.

(○)   (×)

🌿 문장을 만들어 보세요.

2 _____, _____.

🌿 친구에게 물어 보세요.

가 한국 요리 할 수 있어요?　　　가 말 탈 수 있어요?
나 네, 할 수 있어요.　　　　　　나 아니요, 탈 수 없어요. (아니요, 못 타요.)

보기	○					×		
나								
오른쪽 친구								
왼쪽 친구								

가 압구정 역에 어떻게 가요?
나 교대 역에 내려서 3호선으로 갈아타세요.

다음 문장을 연결하십시오.

보기 학교에 옵니다. 한국말을 배웁니다.
➜ 학교에 와서 한국말을 배웁니다.

1. 앉습니다. 기다려 주십시오.
➜

2. 은행에 갑니다. 돈을 찾고 바꿉니다.
➜

3. 친구를 만납니다. 영화를 보겠습니다.
➜

4. 아침에 일어납니다. 세수를 합니다.
➜

5. 그림을 그립니다. 벽에 걸었습니다.
➜

6. 저녁 신문을 삽니다. 읽겠습니다.
➜

여러분의 하루 일과를 이야기해 보십시오.

보기 저는 아침에 일어나서 커피를 마셔요.
그리고 지하철을 타고 학교에 옵니다. 학교에 와서….

Activity 학생 1

아래 그림은 서울시 지하철 노선도입니다. '학생 2'하고 나는 압구정 역에 있습니다. '학생2'에게 물어서 다음 지역을 찾아가십시오.

· 동대문 시장   · 서울대공원   · 63빌딩   · 김포공항

보기 학생1 강남 역에 어떻게 가요?   학생2 먼저 3호선을 타세요.
그리고 교대 역에 내려서 2호선으로 갈아타세요.
그리고 강남 역에서 내리세요.

갈아타는 곳
1호선
2호선
3호선
4호선
5호선
6호선
7호선
8호선
분당선
인천1호선

그리고 '학생2'가 물어 보는 곳을 위 지도에서 찾아가는 방법을 알려 주십시오.

103

Activity 학생 2

🧍 아래 그림은 서울시 지하철 노선도입니다. '학생 1' 하고 나는 압구정 역에 있습니다. '학생1'이 물어 보는 곳을 아래 지도에서 찾아가는 방법을 알려 주십시오.

> **보기** 학생1 강남 역에 어떻게 가요? 학생2 먼저 3호선을 타세요.
> 그리고 교대 역에 내려서 2호선으로 갈아타세요.
> 그리고 강남 역에서 내리세요.

그리고 '학생1'에게 물어서 다음 지역을 찾아가십시오.
· 인사동 · 남대문 시장 · 롯데월드 · 올림픽 공원

알아두면 좋아요 1

ㅂ불규칙					
	~ㅂ/습니다	~아/어요	~았/었어요	~아/어서	~(으)니까
춥다	춥습니다	추워요	추웠어요	추워서	추우니까
덥다	덥습니다	더워요	더웠어요	더워서	더우니까
쉽다	쉽습니다	쉬워요	쉬웠어요	쉬워서	쉬우니까
어렵다	어렵습니다	어려워요	어려웠어요	어려워서	어려우니까
맵다	맵습니다	매워요	매웠어요	매워서	매우니까

알아두면 좋아요 2

명사(으)로

❶ 집에서 회사까지 지하철로 삼십 분 걸립니다.
한국에서는 숟가락과 젓가락으로 식사를 합니다.
❷ 가 어디로 출장을 갑니까?
나 부산으로 갑니다.
❸ 가 남대문 시장까지 어디로 해서 갔어요?
나 남산으로 해서 갔어요.
❹ 가 점심 식사는 무엇으로 하시겠습니까?
나 불고기로 하겠습니다.

Lesson 14

제가 할 거예요

- 회의 준비는 다 됐어요?
- 네, 거의 다 됐어요.
- 통역은 누가 할 거예요?
- 제가 할 거예요.
- 오늘 회의는 아주 중요하니까 잘 하세요.
- 알았어요. 그런데 너무 떨려요.
- 긴장하지 마세요. 이제 곧 시작하니까 회의장으로 들어갑시다.

Vocabulary

준비	準備	알다 / 알았어요	わかる／わかりました
다	全部	너무	とても, あまりに
되다 / 됐어요?	できる／できましたか	떨리다	ふるえる
거의	ほとんど	긴장하다 / 긴장하지 마세요	緊張する／緊張しないでください
통역	通訳		
누가	誰が	이제	今, もう
하다 / 할 거예요?	する／するんですか	곧	すぐ
아주	とても	시작하다 / 시작하니까	始まる／始まるから
중요하다 / 중요하니까	重要だ／重要だから	회의장	会議場
잘 하세요	上手くやってください	들어가다	入る

本文和訳

- 会議の準備は終わりましたか。
- はい、ほとんど終わりました。
- 通訳は誰がするんですか。
- 私です。
- 今日の会議はとても重要ですから、上手くやってくださいね。
- わかりました。でも、とてもふるえますね。
- 緊張しないで。もうすぐ始まりますから、会議場に入りましょう。

가 이번 주말에 뭐 할 **거예요**?
나 집에서 **쉴 거예요**.

이번 주말

CD-48

보기

가 저녁에 뭐 먹을 거예요?
나 김밥 먹을 거예요.

1

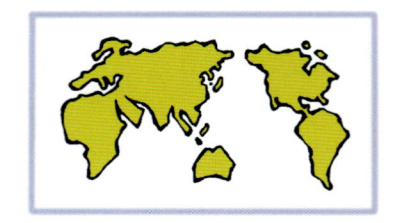

가 어디로 여행갈 거예요?
나 _____.

2

가 크리스마스에 뭐 할 거예요?
나 _____.

3

가 캠핑 가요? 뭐 살 거예요?
나 _____.

4

가 수영장에 뭐 가지고 갈 거예요?
나 _____.

5

가 스키장에 뭐 가지고 갈 거예요?
나 _____.

6

TV 프로그램

⑥ 10 네트워크 연결
〈6시 내고향〉 33715717
⑦ 00 뉴스 네트워크 8284717
35 접속! 신세대 26467773
⑧ 30 (劇)내사랑 내곁에 9663
⑨ 00 뉴스9 6374021
45 스포츠뉴스 31944175
⑩ 00 KBS 리포트 3255205
40 남북의 창 53659791
⑪ 00 뉴스라인 5593934
45 앙코르 신년기획
〈도전 99 청년의 힘〉
(재) 9326779
⑫ 45 마감뉴스 15402083

가 저녁에 뭐 볼 거예요?
나 _____.

가 지금 밖의 날씨가 어때요?
나 추우니까 코트를 입고 가세요.

가 퇴근 후에 한잔 하러 갈까요?
나 미안해요, 오늘은 피곤하니까 좀 쉬겠어요.

1
가 서울역까지 차로 가실 거예요?
나 아니요, _____
  지하철을 타겠어요.

2
가 식사 안 하세요?
나 숙제가 아직 많이 남았어요.
가 그럼, 저는 _____
  먼저 먹겠어요.

3
가 주말에 어디 갈까요?
나 _____ 영화 보러 갑시다.

문장을 만드세요.

1 _____ 한국어 공부를 열심히 하세요.

2 _____ (으)니까 _____ .

날씨가 추우니까 문을 열지 마세요.

CD-50

보기 실내에서는 담배를 피우지 마세요.

1. 인도에서는 _____.

2. 박물관에서는 _____.

3. 수업 시간에 _____.

4. 한국어 수업 시간에 _____.

여러분은 어떻게 말하겠어요?

보기 친구와 약속을 했어요. 그런데 그 친구는 언제나 늦어요.
→ 다음부터는 늦지 마세요. 약속을 잘 지키세요.

1. 우리 집 앞에 누가 차를 세웠어요. 그래서 집에 들어갈 수가 없어요.
→

2. 린다 씨는 휴지를 아무 데나 버려요.
→

3. 저번 주에 스웨터를 샀어요. 그런데 어머니가 그 스웨터를 세탁기로 빨았어요.
→

Activity

나의 인생 계획을 쓰고 친구들과 이야기해 보세요.

> 보기 내년에 학교를 졸업하니까 취직 준비를 할 거예요.

나의 인생 계획···

1년 후

3년 후

5년 후

10년 후

20년 후

Jump Page

형용사 1

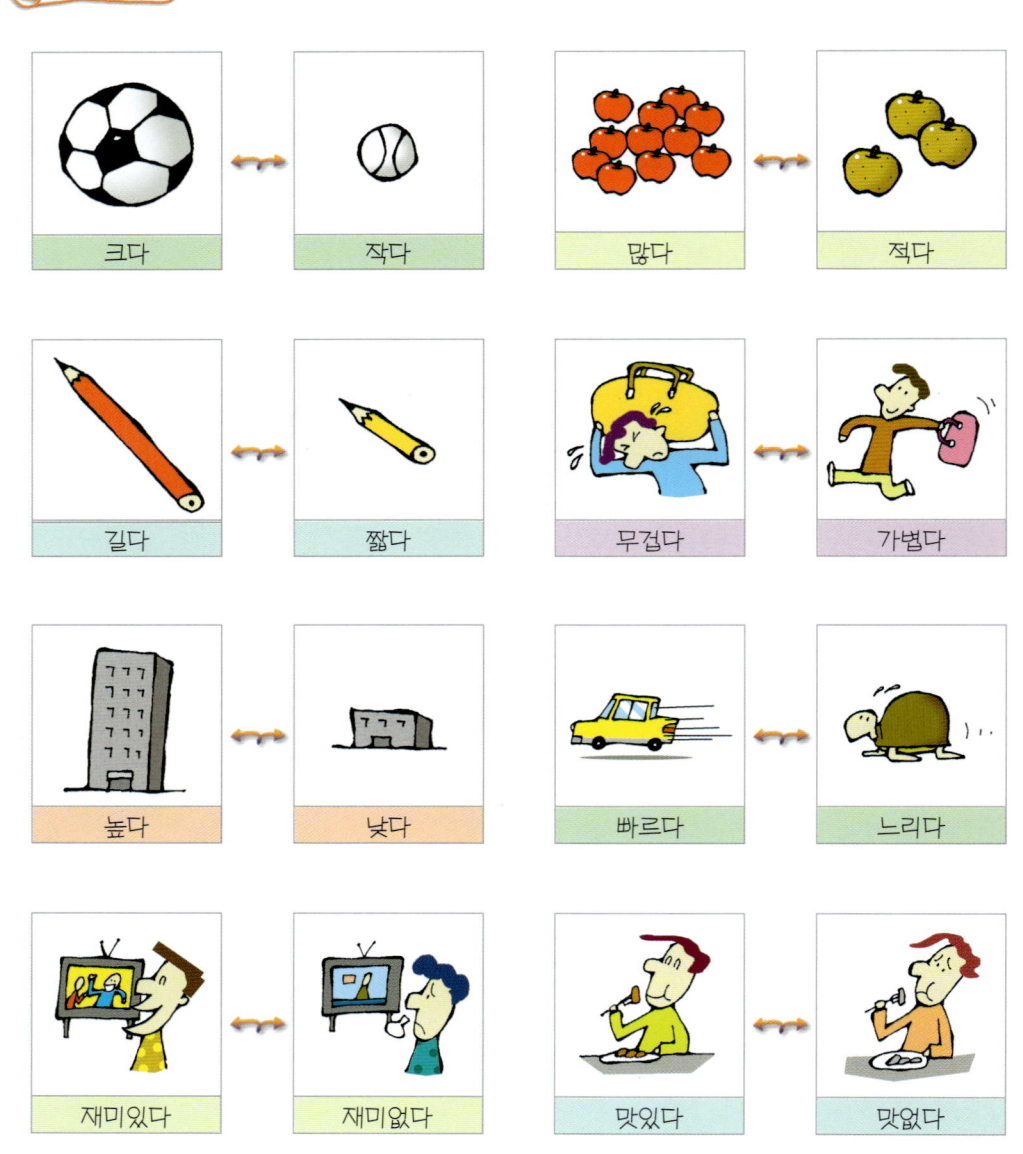

크다	작다	많다	적다
길다	짧다	무겁다	가볍다
높다	낮다	빠르다	느리다
재미있다	재미없다	맛있다	맛없다

어렵다	쉽다	비싸다	싸다
춥다	덥다	뜨겁다	차갑다
밝다	어둡다	넓다	좁다
멀다	가깝다	시원하다	따뜻하다

Lesson 15

퇴근 후에 회사 앞에서 만날까요?

退社後に会社の前で会いましょうか。

- 이 근처에 서점이 어디 있어요?
- 그렇게 멀지 않아요. 같이 갈까요?
- 네, 좋아요. 그럼, 퇴근 후에 회사 앞에서 만날까요?
- 네, 그렇게 해요. 그런데, 무슨 책을 사고 싶어요?
- 한국어 회화책을 사고 싶어요.
  회화가 많이 부족해요.
- 한국어 공부는 어때요? 재미있어요?
- 네, 좀 어렵지만 재미있어요.
  김미라 씨는 일본어 공부 잘 돼요?
- 요즘은 시간이 없어서, 공부를 많이 못 해요.

Vocabulary

서점	書店
그렇게	そんなに, そのように
가다 / 갈까요?	行く／行きましょうか
퇴근	退社
후	後
앞	前
사다 / 사고 싶어요	買う／買いたいです
부족하다	足りない
어때요?	どうですか
어렵다	難しい
요즘	最近
시간이 없다 / 시간이 없어서	時間がない／時間がなくて

本文和訳

- この近くに書店はありますか。
- そんなに遠くないですよ。一緒に行きましょうか。
- いいですね。じゃあ、退社後に会社の前で会いましょうか。
- ええ、そうしましょう。ところで、どんな本を買いたいんですか。
- 韓国語会話の本を買いたいんです。会話力が足りませんから。
- 韓国語の勉強はどうですか。おもしろいですか。
- はい、少し難しいですけど、おもしろいです。キム・ミラさんは日本語の勉強、うまくいっていますか。
- 最近は時間がなくて、あまり勉強できません。

가 퇴근 후에 회사 앞에서 만날까요?
나 네, 7시에 만납시다.

보기

오늘 어디 갈까요? 드라이브할까요?

네, 좋아요. 오랜만에 드라이브해요.

1. 요즘 날씨가 참 좋아요. 주말에 야구 보러 갈까요?
   네, _____.

2. _____?
   미안해요. 오늘은 시간이 없으니까 다음에 한잔 합시다.

3. 가 햄버거 싸 드릴까요?
   나 아니요, _____.

4. 가 _____?
   나 네, 먼저 노래하세요.

5. 가 _____?
   나 불고기 정식 하나 주세요.

Lesson 15

가 휴가 때 어디에 가고 싶어요?
나 고향에 가서 가족을 만나고 싶어요.
  제 아내도 고향에 가고 싶어해요.

CD-53

1 지금 1억 원이 있어요. 뭐 하고 싶어요?
친구는 뭐 하고 싶어해요?

> 보기 나는 집을 사고 싶어요. 친구는 세계 여행을 하고 싶어해요.

나	
친구 이름:	
친구 이름:	
친구 이름:	

2 오늘 하루 동안 투명 인간이 됐어요. 뭐 하고 싶어요?
친구는 뭐 하고 싶어해요?

나	
친구 이름:	
친구 이름:	
친구 이름:	

가 회식 때 왜 안 오셨어요?
나 일이 많아서 못 갔어요.

CD-54

보기 여자 친구와 헤어져서 술을 많이 마셨어요.

1 술을 많이 마셔서 _____.
2 _____.
3 _____.
4 _____.
5 _____.

Activity

🎒 이번 주말에 친구와 같이 관광을 합니다. 아래 그림을 보고 관광 계획을 세우십시오.

63 빌딩
서울타워
민속촌
인사동
에버랜드
창덕궁

| 시간 : | 비용 :   원 | 식사 : | 교통 : |

일정: ❶   → ❷   → ❸

왜 가고 싶어요?

점심으로 뭘 먹을까요?

어디 갈까요?

저는 불고기를 좋아해서 불고기를 먹고 싶어요.

몇 시에 만날까요?

Jump Page

형용사 2

| 편리하다 | 불편하다 | | 필요하다 | 불필요하다 |

| 강하다 | 약하다 |

| 친절하다 | 불친절하다 |

| 피곤하다 | 심심하다 |  조용하다 |  건강하다 |  행복하다 |

| 유명하다 |  중요하다 |  비슷하다 |  이상하다 |

Lesson 16

설악산에 가 봤어요?

雪岳山に行ったことがありますか。

- 스티브 씨는 무슨 계절을 좋아하세요?
- 여름을 좋아해요.
- 왜요?
- 저는 추위를 많이 타기 때문에 겨울을 싫어해요. 미라 씨는요?
- 여름은 장마 때문에 싫고, 겨울은 춥기 때문에 싫어요. 역시 가을이 최고예요. 스티브 씨, 설악산에 가 봤어요?
- 아직 못 가 봤어요.
- 가을에 꼭 가 보세요. 너무너무 아름다워요. 그리고 속초에 들러서 생선회도 먹어 보세요. 아주 싱싱하고, 맛있어요.

Vocabulary

계절	季節	가다 / 가 봤어요?	
여름	夏		行く／行ったことがあります
추위를 타다 / 추위를 타기 때문에		너무너무	とても
	寒がる／寒がりだから	아름답다	美しい
겨울	冬	속초	束草(ソクチョ)
싫어하다	嫌いだ	들르다	寄る
장마	梅雨	생선회	さしみ
춥다 / 춥기 때문에	寒い／寒いから	먹다 / 먹어 보세요	
가을	秋		食べる／食べてみてください
최고	最高	싱싱하다	新鮮だ
설악산	雪岳山(ソラクサン)		

本文和訳

- スティーブさんはどの季節がお好きですか。
- 夏が好きです。
- どうしてですか。
- 私は寒がりですから、冬が嫌いなんです。
  ミラさんは。
- 夏は梅雨があるから嫌いだし、冬は寒いから嫌いです。やっぱり秋がいちばんですね。スティーブさん、雪岳山(ソラクサン)に行ってみましたか。
- いいえ、まだ行っていません。
- 秋に必ず行ってみてください。とてもきれいですよ。それから束草(ソクチョ)に寄って、さしみも食べてみてください。とても新鮮で、おいしいですよ。

Lesson 16

가 왜 교통 사고가 났어요?
나 눈 **때문에** 교통 사고가 났어요.
　 길이 미끄럽**기 때문에** 교통 사고가 났어요.

CD-56

이유가 무엇입니까?

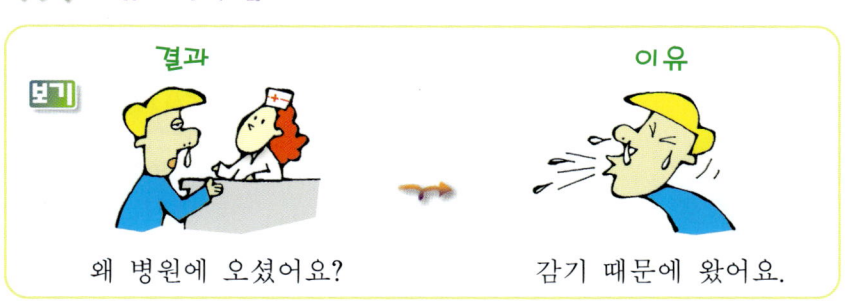

보기
결과 → 이유
왜 병원에 오셨어요? → 감기 때문에 왔어요.

1 왜 이렇게 추워요? → _____.

2 왜 지각했어요? → _____.

보기
왜 이렇게 시끄러워요? → 옆집에서 파티하기 때문에 시끄러워요.

1 왜 점심 식사를 안 해요? → _____.

2 왜 기분이 안 좋아요? → _____.

여러분은 여행을 좋아하세요? 어디로 가고 싶어요? 왜요?
장소:
이유:

가 이번 여름에 뭘 하시겠어요?
나 수영을 배워 보겠어요.

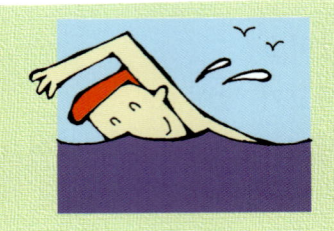

CD-57

세계 여행을 해 봅시다. 여러 나라에서 무엇을 해 보겠어요?

보기 러시아에서 보드카를 마셔 보겠어요.

(1) _____.
(2) _____
_____.
(3) _____.
(4) _____
(5) _____.
(6) _____.
(7) _____.
(8) _____.
(9) _____.

여러분의 나라를 소개해 보세요.

보기 (한국) 남대문 시장에 꼭 가 보세요. 물건 값이 아주 싸요.
불고기를 먹어 보세요. 참 맛있어요.

나라 이름:
소개:

124

Activity 학생 1

다음은 '세계의 날씨' 지도입니다. 지도를 보고 '학생 2'에게 물어서 빈 칸을 채우십시오.

보기 학생1 런던은 오늘 날씨가 어때요?
     학생2 아주 맑아요. 그리고 시원해요. 낮 기온이 12도예요.

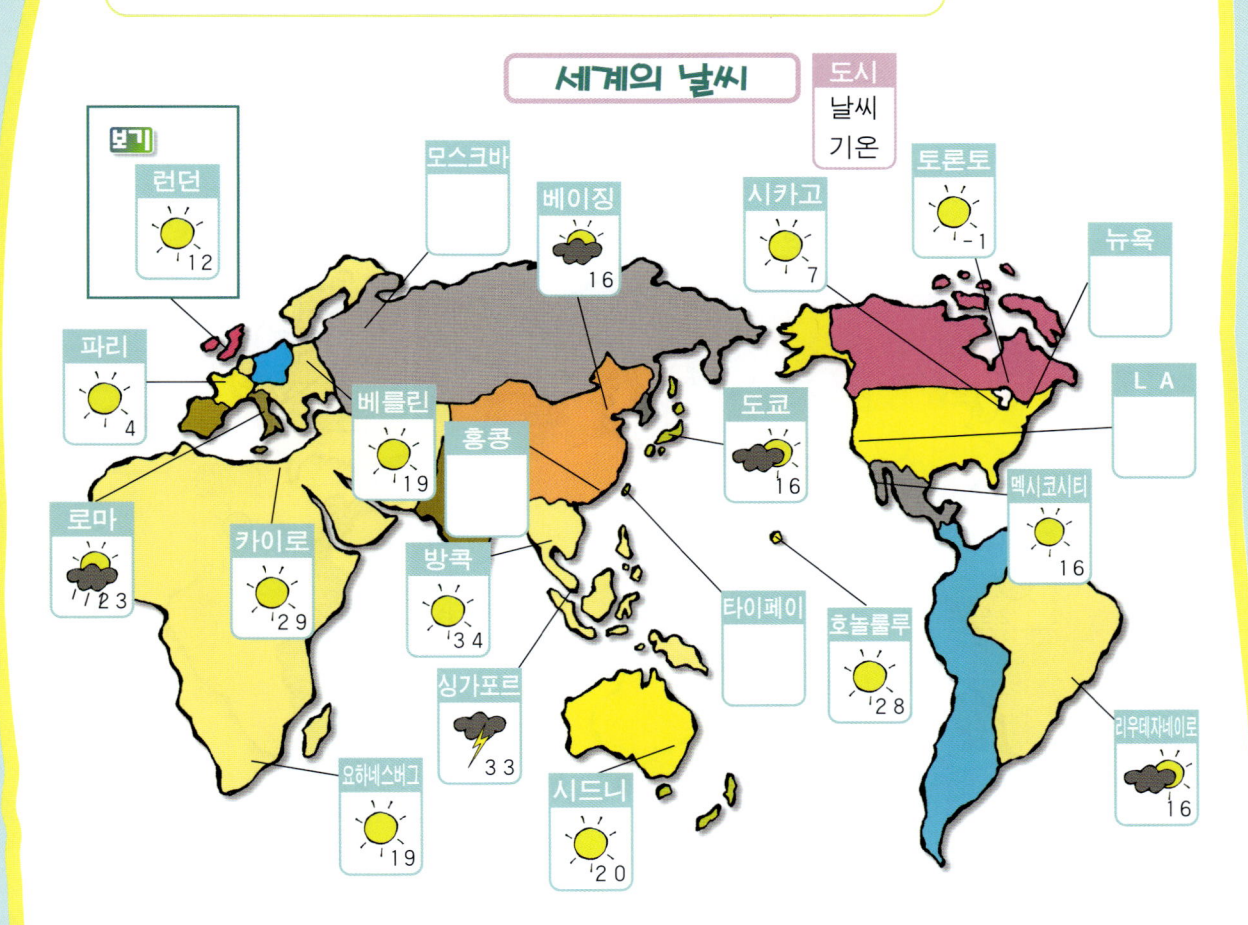

세계의 날씨

도시
날씨
기온

보기
런던 ☀ 12
모스크바
베이징 ☁ 16
시카고 ☀ 7
토론토 ☀ -1
뉴욕
파리 ☀ 4
베를린 ☀ 19
홍콩
도쿄 ☁ 16
L A
로마 ☁ 23
카이로 ☀ 29
방콕 ☀ 34
타이페이
호놀룰루 ☀ 28
멕시코시티 ☀ 16
싱가포르 ⛈ 33
리우데자네이로 ☁ 16
요하네스버그 ☀ 19
시드니 ☀ 20

친구에게 질문해 보세요.

보기 무슨 계절을 좋아해요? 가을을 좋아해요.
     왜 가을을 좋아해요? 시원하기 때문에 좋아해요.

이름	좋아하는 계절	이유
나		
친구 이름 :		
친구 이름 :		

Activity 학생 2

🌸 다음은 '세계의 날씨' 지도입니다. 지도를 보고 '학생 1'에게 물어서 빈 칸을 채우십시오.

> **보기** 학생1 런던은 오늘 날씨가 어때요?
> 학생2 아주 맑아요. 그리고 시원해요. 낮 기온이 12도예요.

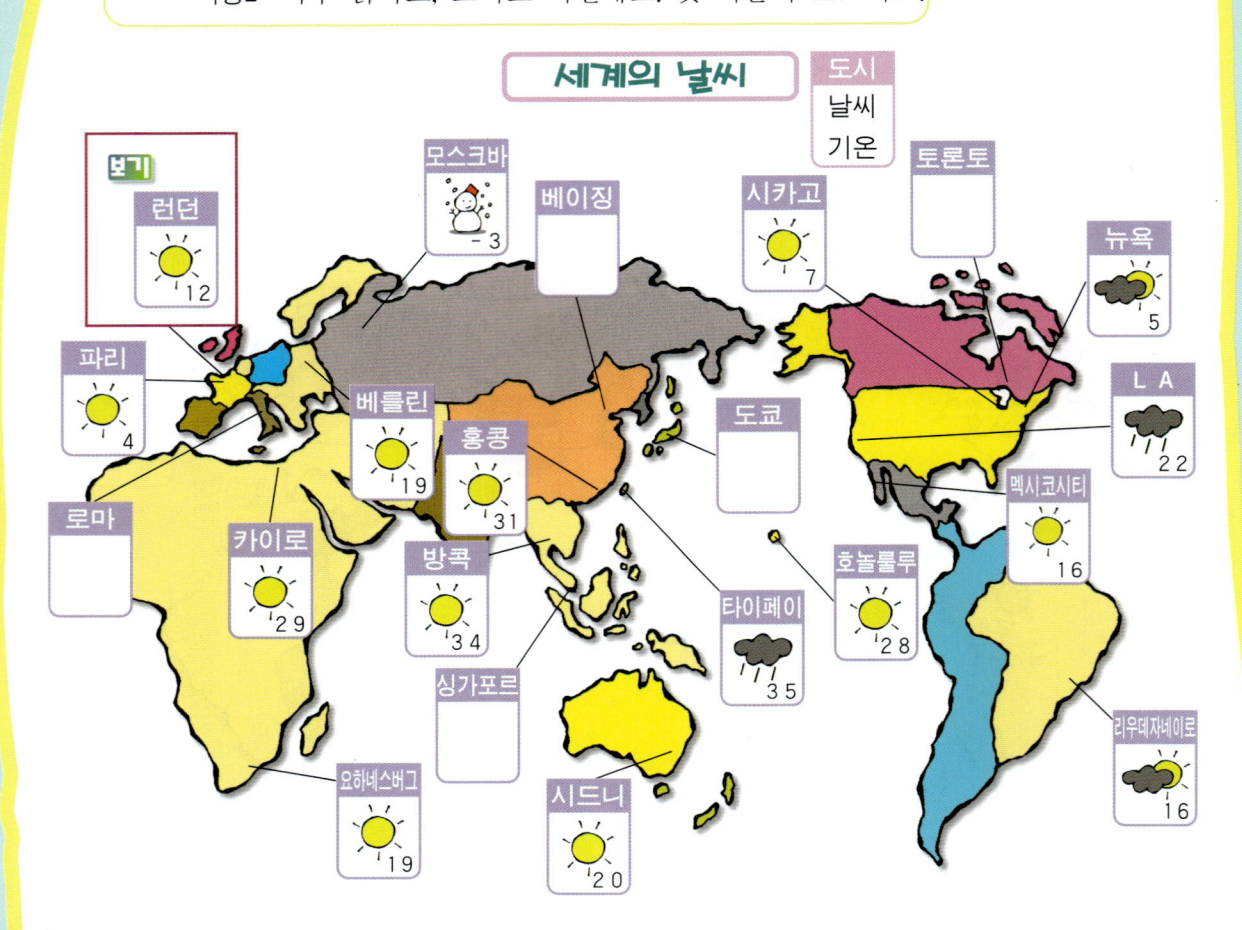

세계의 날씨

도시 / 날씨 / 기온

- 보기 런던 ☀ 12
- 모스크바 ☃ -3
- 베이징
- 시카고 ☀ 7
- 토론토
- 뉴욕 ⛅ 5
- 파리 ☀ 4
- 베를린 ☀ 19
- 홍콩 ☀ 31
- 도쿄
- L A 🌧 22
- 로마
- 카이로 ☀ 29
- 방콕 ☀ 34
- 타이페이 🌧 35
- 호놀룰루 ☀ 28
- 멕시코시티 ☀ 16
- 싱가포르
- 요하네스버그 ☀ 19
- 시드니 ☀ 20
- 리우데자네이로 ⛅ 16

🌸 친구에게 질문해 보세요.

> **보기** 무슨 계절을 좋아해요? 가을을 좋아해요.
> 왜 가을을 좋아해요? 시원하기 때문에 좋아해요.

이름	좋아하는 계절	이유
나		
친구 이름 :		
친구 이름 :		

Activity

신문의 「일기 예보」 그림을 오려서 붙이세요.
그리고 각 지역의 날씨를 설명해 보세요.

지역 이름	날씨

Jump Page

🌀 계절과 날씨

맑다

따뜻하다

흐리다, 구름이 끼다

춥다

덥다

봄

겨울 **여름**

가을

눈이 오다 / 내리다

일광욕하다

비가 오다 / 내리다

시원하다, 서늘하다

바람이 불다

낙엽이 지다

장마, 태풍

천둥 / 번개가 치다

단풍이 들다

Lesson 17

이민수 씨 좀 바꿔 주세요

イ・ミンスさんに代わってください。

- 여보세요.
- 네, 여보세요. 거기 이민수 씨 댁입니까?
- 네, 맞는데요.
- 이민수 씨 좀 바꿔 주세요.
- 네, 잠깐만 기다려 주세요.
- 네, 전화 바꿨습니다.
- 이민수 씨, 지금 뭐 하세요?
- 아, 스티브 씨, 텔레비전을 보고 있어요. 그런데 웬일이세요?
- 이민수 씨 집 근처에서 김미라 씨하고 저녁 먹고 있어요. 지금 나올 수 있어요?
- 네, 그럼, 10분 정도만 기다려 주세요.

Vocabulary

여보세요	もしもし
맞는데요	そうですが, 正しいですが, 合っていますが
바꾸다／바꿔 주세요	（電話を）代わる／代わってください
기다리다／기다려 주세요	待つ／待ってください
전화 바꿨습니다	お電話代わりました
텔레비전	テレビ
보다／보고 있어요	見る／見ています
웬일이세요?	どうなさったんですか
나오다	出て来る
～정도	～ぐらい
～만	～だけ

本文和訳

もしもし。
もしもし。イ・ミンスさんのお宅ですか。
はい、そうですが。
イ・ミンスさんに代わってください。
はい。少々お待ちください。
お電話代わりました。
イ・ミンスさん、今何してるんですか。
あ、スティーブさん。テレビを見ています。ところで、どうしたんですか。
イ・ミンスさんの家の近くで、キム・ミラさんと晩ごはんを食べているんです。今出て来られますか。
ええ。じゃあ、10分ぐらい待っていてください。

Lesson 17

가 지금 뭐 합니까?
나 나오코 씨에게 요리를 가르쳐 줍니다.

CD-59

보기 저는 어머니께 안경을 사 드렸어요.   아들이 나에게 노래를 불러 줬어요.

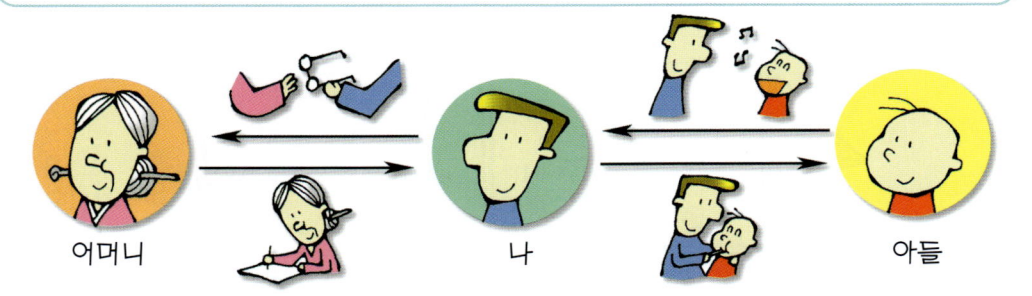

어머니   나   아들

어머니께서 저에게 편지를 보내 주셨어요.   나는 아들에게 사탕을 사 줬어요.

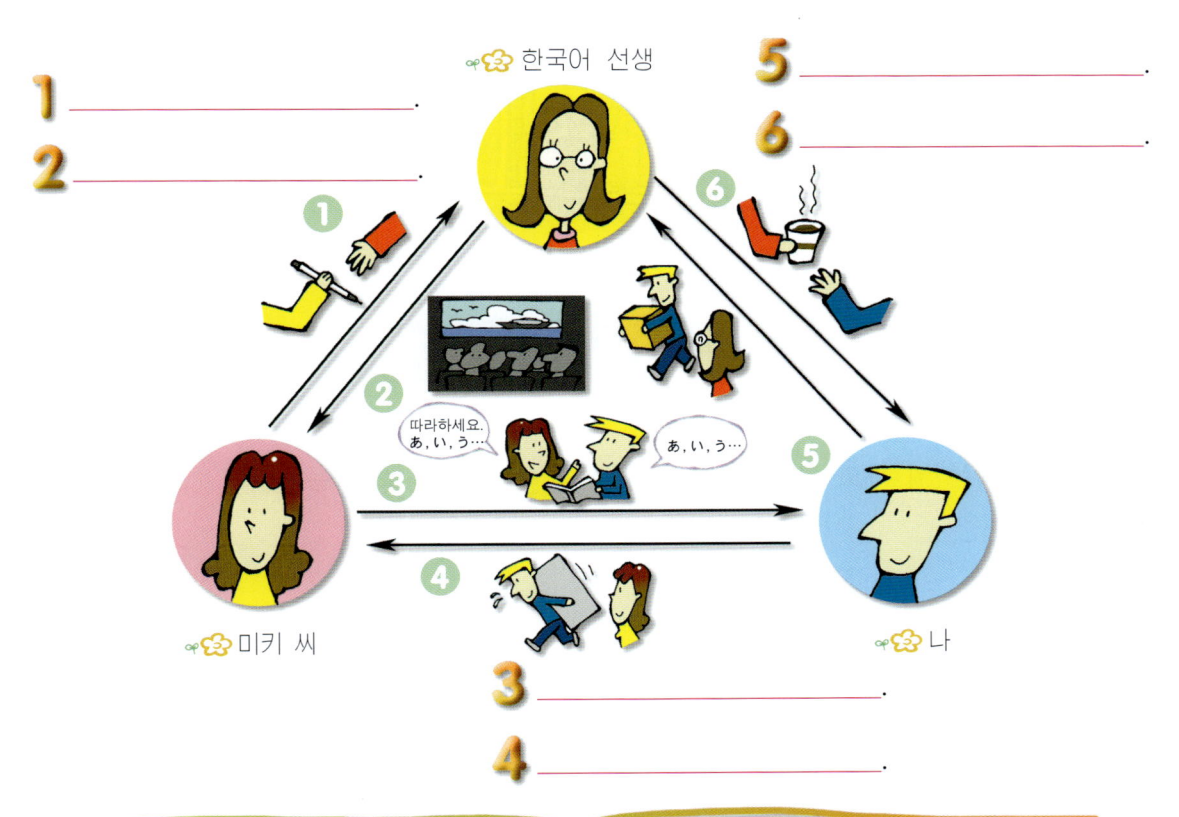

한국어 선생

1 _____.
2 _____.

5 _____.
6 _____.

미키 씨   나

3 _____.
4 _____.

문장을 만들어 보세요.

손님 여기 닦아 주시겠어요?
점원 _____.
점원 닦아 드릴까요?
손님 _____.

131

가 지금 뭐 하고 있어요?
나 공부하고 있어요.

보기 가 보리스 씨는 뭐 하고 있어요?
나 강아지하고 놀고 있어요.

1 가 조엘 씨는 뭐 하고 있어요?
나 _____.

2 가 토마스 씨는 _____?
나 _____.

3 가 영수 씨는 _____?
나 _____.

4 가 아민 씨는 _____?
나 _____.

5 가 피터 씨는 _____?
나 _____.

6 가 잔느 씨는 _____?
나 _____.

7 가 크리스틴 씨는 _____?
나 _____.

8 가 데비 씨는 _____?
나 _____.

9 가 아이코 씨는 _____?
나 _____.

10 가 수잔티 씨는 _____?
나 _____.

Activity 학생 1

1-① 집에서 생일 파티를 준비하고 있습니다. '학생 2'가 파티 준비를 돕고 있습니다. '학생 2'에게 아래 그림처럼 준비할 것을 부탁하십시오.

> 보기 학생2 과일을 어디에 놓아 드릴까요? 학생1 손님 앞에 놓아 주세요.

과일은 어디에 놓아 드릴까요?

1-② '학생 2'가 이사를 했습니다. '학생 2'의 이삿짐 정리를 돕고 싶습니다. '학생 2'의 이야기를 듣고 아래 그림에 집 정리를 하십시오.

> 보기 학생1 텔레비전은 어디에 놓아 드릴까요?
> 학생2 텔레비전은 장식장 위에 놓아 주세요.

텔레비전은 어디에 놓아 드릴까요?

Activity 학생 2

1-① '학생 1'이 파티 준비를 하고 있습니다. '학생 1'의 파티 준비를 돕고 싶습니다.
'학생 1'의 이야기를 듣고 아래 그림에 상을 차리십시오.

> **보기** 학생2 과일을 어떻게 해 드릴까요? 학생1 씻어서 접시에 놓아 주세요.

과일은 어떻게 해 드릴까요?

1-② 이사를 했습니다. '학생 1'이 이삿짐 정리를 돕고 있습니다.
'학생 1'에게 아래 그림처럼 정리할 것을 부탁하십시오.

> **보기** 학생1 텔레비전은 어디에 놓아 드릴까요?
> 학생2 텔레비전은 장식장 위에 놓아 주세요.

텔레비전은 어디에 놓아 드릴까요?

전화하기

1 자리에 있을 때

가　　　여보세요.
나　　　여보세요. 거기 스티브 씨 댁이죠?
가　　　네, 그런데요.
나　　　스티브 씨 계세요?
가　　　네, 잠시만 기다리세요. 스티브 씨 전화왔어요.
스티브　네, 전화 바꿨습니다.

2 자리에 없을 때

가　여보세요.
나　여보세요. 스티브 씨 부탁합니다.
가　지금 안 계십니다.
　　잠깐 외출하셨어요.
나　언제 돌아오십니까?
가　한 시간 후에 다시 걸어 주세요.
　　어디라고 전해 드릴까요?
나　네, 김영수라고 합니다. 전화왔다고 전해 주세요.

3 잘못 걸었을 때

가　여보세요,
나　스티브 씨 댁입니까?
가　몇 번에 거셨어요?
나　540-2026 아닙니까?
가　잘못 거셨어요.
　　여기는 540-2025 이에요.
나　죄송합니다.

4 통화중일 때

가　여보세요,
나　스티브 씨 계십니까?
가　지금 통화중입니다.
나　그럼, 잠시 후에 다시 걸겠습니다.

Lesson 18

어디로 가야 돼요?

どっちに行けばいいですか。

🧑 실례합니다. 남대문 시장에 가려고 합니다.

여기에서 어떻게 가요?

👨 글쎄요, 잠시만요.

🧑 버스를 타야 돼요?

👨 아니요, 여기에서 가까우니까, 걸어서 갈 수 있어요.

🧑 아, 그래요? 그럼, 어디로 가야 돼요?

👨 저 우체국까지 곧장 가서 지하도를 건너면 백화점이 있어요.

그 백화점 뒤쪽이 남대문 시장이에요.

🧑 감사합니다.

Vocabulary

실례합니다	失礼します, すみません
남대문 시장	南大門(ナンデムン)市場
가다 / 가려고 합니다	行く／行こうと思います
글쎄요	そうですね
잠시만요	ちょっと待ってください
버스	バス
타다 / 타야 돼요?	乗る／乗らなければなりませんか
우체국	郵便局
곧장	まっすぐ
지하도	地下道
건너다 / 건너면	渡る／渡れば
뒤쪽	後ろの方

本文和訳

- すみません。南大門(ナンデムン)市場に行きたいんですが。ここからどうやって行くのですか。
- そうですね、ちょっと待ってください。
- バスに乗らなければなりませんか。
- いいえ、ここから近いですから、歩いて行けますよ。
- あ、そうですか。じゃあ、どっちに行けばいいですか。
- あの郵便局までまっすぐ行って、地下道を渡るとデパートがあります。そのデパートの後ろが南大門(ナンデムン)市場ですよ。
- ありがとうございました。

가 이번 겨울에 뭐 할 거예요?
나 태권도를 배우려고 해요.

CD-62

여름 휴가 때, 제주도에 여행 가려고 합니다. 아래 그림을 보고 여행 계획을 말해 보십시오.

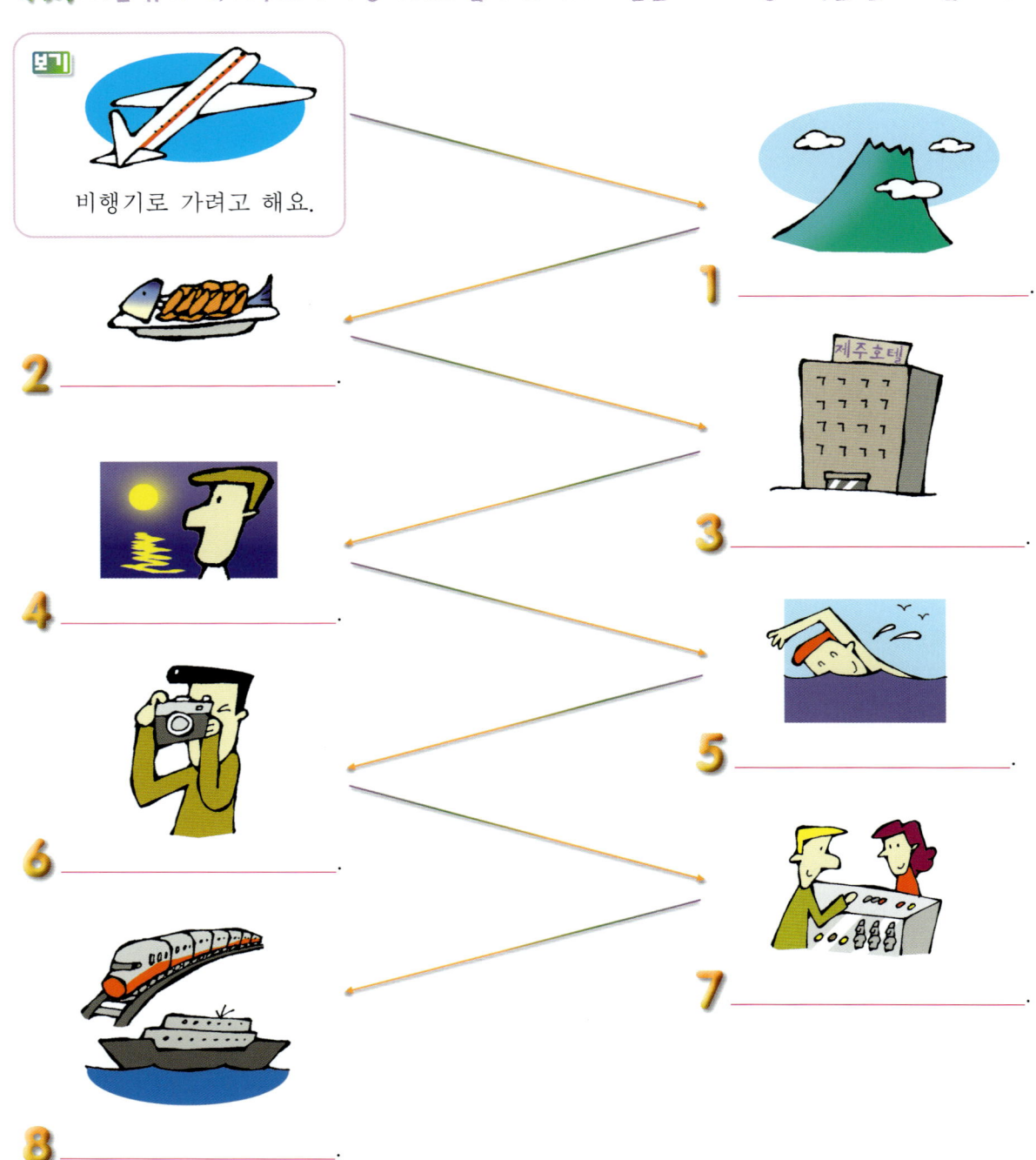

보기: 비행기로 가려고 해요.

1. _____.
2. _____.
3. _____.
4. _____.
5. _____.
6. _____.
7. _____.
8. _____.

138

Lesson 18

가 　내일 비가 오<u>면</u> 뭐 하시겠어요?
나 　집에서 책을 읽겠어요.

CD-63

어떻게 할 거예요? 친구들과 이야기해 보십시오.

보기 내가 한국말을 잘하면 한국어 선생님이 되겠어요.

	나	친구 이름:	친구 이름:
한국말을 잘하면			
내가 대통령이라면			
하루 동안 남자/여자로 바뀌면			

보통 무엇을 합니까? 친구들과 이야기해 보십시오.

보기 시간이 나면 영화를 봐요.

	나	친구 이름:	친구 이름:
시간이 나면			
밤에 잠이 안 오면			
기분이 안 좋으면			

가 우리 백화점에 쇼핑 갈까요?
나 미안해요. 갈 수 없어요.
　 내일 손님이 와서 청소해야 돼요.
　 (내일 손님이 와서 청소해야 해요.)

🍀 슈퍼맨은 매우 피곤해요.

보기 
슈퍼맨은 매일 한밤중에 일어나야 돼요. 　　슈퍼맨은 하늘을 날 수 있어야 돼요.

1 슈퍼맨은 _____.
　　(슈퍼맨옷/입다)

2 슈퍼맨은 _____.
　　(괴물/싸우다)

3 슈퍼맨은 _____.
　　(빌딩/뛰어내리다)

4 슈퍼맨은 _____.
　　(인터뷰/하다)

🍀 존 씨가 오늘 저녁 파티에 초대했습니다. 하지만, 나는 갈 수 없습니다. 아래 그림들을 보고 그 이유를 말해 보십시오.

보기 
죄송해요. 존 씨.
어머니 생신 파티에 가야 해요.

1 _____.

2 _____.

3 _____.

4 _____.

Activity 학생 1

🧍 '학생 2'에게 물어서 가~마를 찾아 ○안에 표시하십시오.

> **보기** '가'에 가려고 합니다. 어떻게 가야 됩니까?

지하철역
(출발)

어떻게?

🧍 우리집은 이렇게 와야 합니다. (여러분 집에 어떻게 갑니까? 설명해 주십시오.)

Activity 학생 2

'학생 1'에게 물어서 1~5를 찾아 ○안에 표시하십시오.

보기 '1'에 가려고 합니다. 어떻게 가야 됩니까?

어떻게?

지하철역
(출발)

우리집은 이렇게 와야 합니다. (여러분 집에 어떻게 갑니까? 설명해 주십시오.)

Jump Page

교통

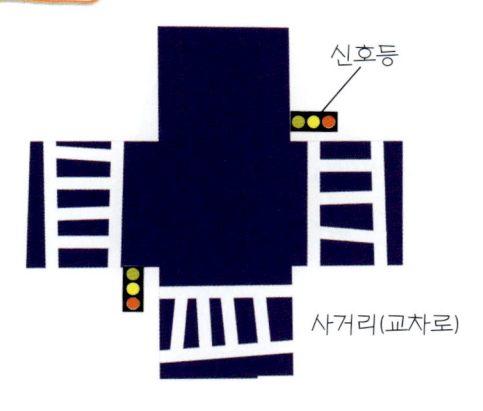

- 사거리(교차로) — 신호등
- 삼거리
- 곧장가다 
- 횡단보도에서 왼쪽으로 돌다 (좌회전하다) 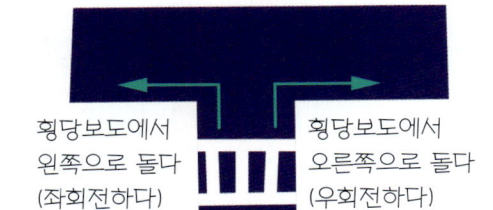
- 횡단보도에서 오른쪽으로 돌다 (우회전하다)
- 횡단보도를 건너다 
- 육교를 건너다 
- 멈추다 
- 주차금지  
- 일방통행
- 위험!
- 노약자석
- 공사중 
- 장애인 전용 
- 어린이 보호 구역

Lesson 19

이 바지 입어 봐도 돼요?

このズボン、はいてみてもいいですか。

- 이 바지 입어 봐도 돼요?
- 네, 한번 입어 보세요. 잘 맞으세요?
- 아니요, 좀 커요. 이것보다 좀 작은 건 없어요?
- 여기 있어요. 이것도 입어 보세요.
- 다른 색 있으면 좀 보여 주세요. 선물할 거예요.
- 이쪽에 여러 가지가 있으니까 한번 보세요.
- 이걸로 주세요. 혹시 마음에 안 들면 교환해도 돼요?
- 네, 교환하셔도 됩니다.

  하지만, 3일 지나서 교환하시면 안 됩니다.

Vocabulary

바지	ズボン
입다/입어 봐도 돼요?	はく, 着る／はいてみてもいいですか, 着てみてもいいですか
잘 맞다	(サイズが)合う
크다	大きい
이것보다	これより
작은 건(작은 것은)	小さいの(小さいのは)
다른 색	他の色
이걸로(이것으로)	これに
혹시	もし〜
마음에 안 들다	気に入らない
교환하다	交換する
지나다	過ぎる
교환하시면 안 됩니다	交換はできません

本文和訳

- このズボン、はいてみてもいいですか。
- どうぞ、一度はいてみてください。(サイズが)合っていますか。
- いいえ、ちょっと大きいです。これより少し小さいのはありませんか。
- はい、どうぞ。こちらもはいてみてください。
- 他の色があったら見せてください。プレゼントするんです。
- こちらにいろいろありますから、一度ご覧ください。
- これをください。もし気に入らなかったら、交換できますか。
- ええ、交換なさって結構ですよ。
  でも、3日すぎましたら交換はできません。

(받침 ○)은 + 명사	(받침 ×)ㄴ + 명사	있/없 + 는 + 명사
좋다 → 좋은 + 명사	나쁘다 → 나쁜 + 명사	재미있다 → 재미있는 + 명사
많다 → 많은 + 명사	크다 → 큰 + 명사	재미없다 → 재미없는 + 명사

큰 가방 / 작은 가방

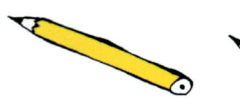

긴 연필 / 짧은 연필

높은 건물 / 낮은 건물

무거운 가방 / 가벼운 가방

넓은 복도 / 좁은 복도

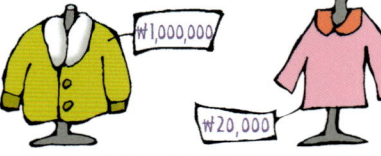

비싼 옷 / 싼 옷

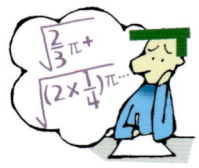

쉬운 문제 / 어려운 문제

더운 날씨 / 추운 날씨

뜨거운 차 / 차가운 주스

따뜻한 난로 / 시원한 선풍기

착한 사람 / 나쁜 사람

재미있는 프로그램 / 재미없는 프로그램

맛있는 음식 / 맛없는 음식

우리 반에는 스티브 씨가 두 명 있어요.
큰 스티브 씨하고 작은 스티브 씨예요.
큰 스티브 씨는 재미있는 분이에요.

CD-67

큰 스티브
작은 스티브

친구들에게 질문하고 쓰십시오.

우리 반 사람들

1. 집이 제일 먼 사람은 누구예요? _____
2. 머리카락이 제일 짧은 사람은 누구예요? _____
3. 제일 재미있는 사람은 누구예요? _____
4. 말이 제일 빠른 사람은 누구예요? _____
5. 연필이 제일 많은 사람은 누구예요? _____
6. 제일 큰 가방은 누구 가방이에요? _____
7. 누가 제일 높은 층에서 살아요? _____
8. 여자/남자 친구가 없는 사람은 누구예요? _____
9. 가장 바쁜 사람은 누구예요? _____
10. 가장 친절한 사람은 누구예요? _____

가 이 자리에 앉아도 돼요?
나 네, 앉으세요.
가 여기에서 담배 피워도 돼요?
나 아니요, 실내에서는 담배 피우면 안 돼요.

🍀 먼저 하숙집 규칙을 읽으십시오.
그리고, 아래 그림을 보고 해도 되면
○표, 안 되면 ×표 하십시오.

하숙집 규칙

개, 고양이를 키우면 안 됩니다.
실내에서 담배를 피우면 안 됩니다.
그렇지만 옥상에서는 담배를 피워도 됩니다.
술을 마시면 안 됩니다.
12시 이후에 초인종을 누르면 안 됩니다.
12시 이후에는 열쇠로 문을 열고 들어오십시오.
너무 큰 소리로 이야기하면 안 됩니다.
친구를 초대해도 괜찮습니다.
그렇지만 큰 파티를 열면 안 됩니다.
거실에서 11시까지 텔레비전을 봐도 됩니다.
음악을 너무 크게 틀면 안 됩니다.

보기 (×)

1 ( )
2 ( )
3 ( )
4 ( )
5 ( )
6 ( )
7 ( )
8 ( )

Activity 학생 1

1 슈퍼마켓에 도둑이 들었습니다. 나는 그 도둑을 봤습니다. 아래 그림을 보고 '학생2'의 질문에 대답하십시오.

> **보기** 학생2 큰 키입니까?   학생1 아니오, 작은 키입니다.

필요단어…

키가 크다 / 작다 / 보통이다   머리가 길다 / 짧다   뚱뚱하다 / 마르다 / 날씬하다
가방을 메다   안경을 쓰다(끼다)   모자를 쓰다   넥타이를 매다   부츠를 신다
귀고리 / 목걸이를 하다   반지를 끼다

2 방에 도둑이 들었습니다. '학생 2'가 그 도둑을 봤습니다. 아래 그림 중에 범인이 있습니다. '학생 2'에게 질문해서 범인을 찾으십시오.

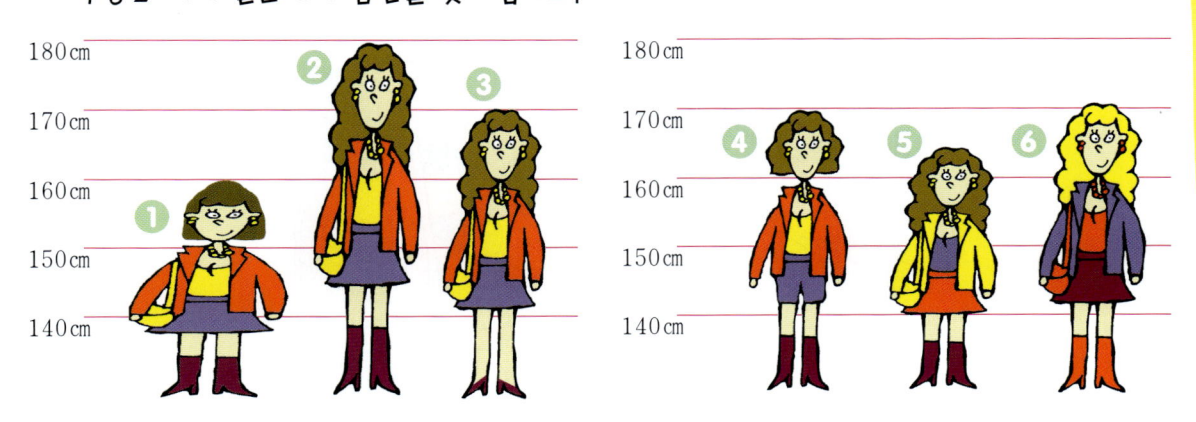

한국에는 여러 가지 규칙이 있습니다. 예를 들면, 술을 마시고 운전을 하면 안 됩니다. 고속도로에서 오토바이를 타면 안 됩니다. 하지만 일반 도로에서는 타도 됩니다. 여러분의 나라에는 어떤 규칙들이 있습니까? 친구들과 이야기해 보십시오.

Activity 학생 2

1 슈퍼마켓에 도둑이 들었습니다. '학생 1'이 그 도둑을 봤습니다. 아래 그림 중에 범인이 있습니다. '학생 1'에게 질문해서 범인을 찾으십시오.

> **보기** 학생2 큰 키입니까? 학생1 아니오, 작은 키입니다.

필요단어…

키가 크다 / 작다 / 보통이다   머리가 길다 / 짧다   뚱뚱하다 / 마르다 / 날씬하다
가방을 메다   안경을 쓰다(끼다)   모자를 쓰다   넥타이를 매다   부츠를 신다
귀고리 / 목걸이를 하다   반지를 끼다

2 방에 도둑이 들었습니다. 나는 그 도둑을 봤습니다. 아래 그림을 보고 '학생 1'의 질문에 대답하십시오.

한국에는 여러 가지 규칙이 있습니다. 예를 들면, 술을 마시고 운전을 하면 안 됩니다. 고속도로에서 오토바이를 타면 안 됩니다. 하지만 일반 도로에서는 타도 됩니다. 여러분의 나라에는 어떤 규칙들이 있습니까? 친구들과 이야기해 보십시오.

Jump Page

옷

긴팔 셔츠	반팔 티셔츠	 와이셔츠	 블라우스
 외투	 잠바	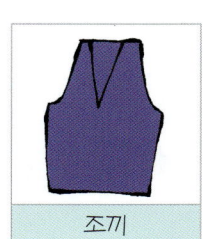 조끼	 스웨터
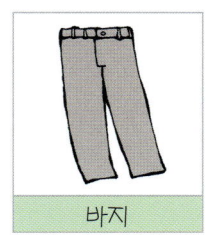 바지	 청바지	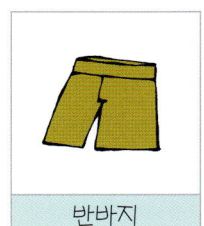 반바지	 치마
 양복	 정장	 원피스	 한복
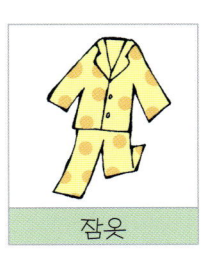 잠옷	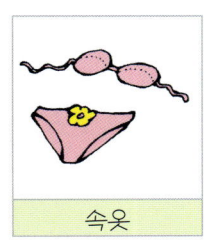 속옷	 양말	 수영복

색깔과 무늬

하얀색(흰색)	검은색(검정색)	회색	파란색	하늘색
감색	노란색	주황색	자주색	연두색
녹색(초록색)	빨간색	갈색	분홍색	금색
은색	보라색			

| 네모(사각형) | 세모(삼각형) | 동그라미(원) |

| 줄 무늬 | 물방울 무늬 | 체크 무늬 | 꽃 무늬 |

Lesson 20

잘 아는 곳이 있어요?
知っているところがありますか。

- 오늘 점심은 뭘로 할까요?
- 전에 먹은 매운탕 어때요?
- 매운탕이요? 잘 아는 곳이 있어요?
- 네, 전에 과장님이 소개해 준 식당이 있어요. 매운탕 국물이 아주 시원하고, 맛있어요.
- 좋아요. 거기로 가요. 스티브 씨는 원래 매운 음식을 좋아하세요?
- 아니요, 처음엔 매워서 못 먹었지만 이제는 습관이 돼서 괜찮아요.
- 앉을 자리가 없으면 많이 기다려야 하니까 빨리 갑시다.

Vocabulary

뭘로 할까요?	何にしましょうか
전에	この前
먹다/먹은	食べる／食べた＋名詞
매운탕	メウンタン（辛い鍋料理）
알다/아는	知る／知っている（＋名詞）
곳	ところ
과장님	課長
소개하다	紹介する
국물	スープ，つゆ，汁
원래	もともと
맵다/매운	辛い／辛い（＋名詞）
음식	食べ物
처음엔	初めは
습관이 되다	習慣になる，慣れる
앉다/앉을	座る／座る（＋名詞）
자리	席
많이	たくさん
빨리	早く

本文和訳

- 今日のお昼は何にしましょうか。
- この前食べた、メウンタンはどうですか。
- メウンタンですか。知っているところがありますか。
- ええ、前に課長が紹介してくれた食堂があります。
  メウンタンのスープがとてもさっぱりしていて、おいしいですよ。
- いいですね。そこに行きましょう。
  スティーブさんは、もともと辛い料理がお好きだったんですか。
- いいえ、初めは辛くて食べられませんでしたが、今は慣れたので大丈夫です。
- 席がなかったら長く待たなければなりませんから、早く行きましょう。

	과거	현재	미래
(받침×) ㄴ/는/ㄹ + 명사	마시다→마신+명사	마시는+명사	마실+명사
(받침○) 은/는/을 + 명사	먹다→먹은+명사	먹는+명사	먹을+명사

마신 물   마시는 물   마실 물

먹은 음식   먹는 음식   먹을 음식

보기와 같이 하십시오.

보기 오늘 저녁에 만날 거예요. / 친구가 있어요.
→ 오늘 저녁에 만날 친구가 있어요.

1 어제 들었어요. / 노래가 참 좋았어요.
→

2 지금 잡니다. / 사람이 누구예요?
→

3 일본에서 왔습니다. / 다나카 씨를 소개합니다.
→

4 내일 입겠습니다. / 옷을 세탁소에 맡겼어요.
→

5 저번주에 배웠어요. / 단어가 생각이 안 나요.
→

6 맛있어요 / 음식이 뭐예요?
→

155

Activity

🔸 다음 질문에 답하십시오.

잘 만드는 음식
지금 가장 먹고 싶은 것
오늘 꼭 해야 할 일
가장 잘 부르는 노래
가장 최근에 본 영화
가장 최근에 읽은 책
내일 입을 옷
한국에서 산 물건

🔸 친구에게 질문하고 쓰십시오.

> **보기** 나 아침에 밥을 먹었어요?   와타나베 기미코 네, 먹었어요.

아침에 밥을 먹은 사람
내년에 외국에 갈 사람
결혼한 사람   **보기** 와타나베.
주말에 술 마실 사람
한국 노래를 가장 잘하는 사람
지금 가장 열심히 공부하고 있는 사람
수업 시간에 가장 잘 조는 사람
담배를 피우는 사람

Jump Page

맛

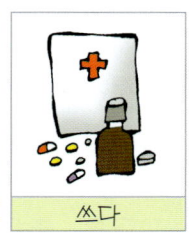

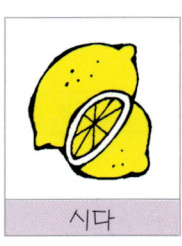

| 달다 | 쓰다 | 짜다 | 시다 | 맵다 | 싱겁다 |

맛을 내는 것

| 소금 | 후추(후춧가루) | 간장 | 된장 | 설탕 | 조미료 |
| 고춧가루 | 고추장 | 식용유 | 참기름 | 깨소금 |

알아두면 좋아요

ㄹ불규칙

	~ㅂ/습니다	~아/어요	~았/었어요	~아/어서	~(으)니까	~는+명사
알다	압니다	알아요	알았어요	알아서	아니까	아는
살다	삽니다	살아요	살았어요	살아서	사니까	사는
놀다	놉니다	놀아요	놀았어요	놀아서	노니까	노는
울다	웁니다	울어요	울었어요	울어서	우니까	우는
졸다	좁니다	졸아요	졸았어요	졸아서	조니까	조는

기타 단어와 표현

Lesson 1

학생　学生
선생님　先生
의사　医者
점원　店員
운동 선수　スポーツ選手
변호사　弁護
회사원　会社員
운전사　運転手
주부　主婦
가수　歌手
대학생　大学生
프랑스　フランス
미국　アメリカ
요리사　調理師
한국　韓国
태국　タイ
영화 배우　映画俳優
약사　薬剤師
독일　ドイツ
이탈리아　イタリア
경찰관　警察官
멕시코　メキシコ
러시아　ロシア
기술자　技術者
간호사　看護婦・看護士
비서　秘書
은행원　銀行員
통역사　通訳
미용사　美容師
소방관　消防士

Lesson 2

창문　窓
잡지　雑誌
시계　時計
우산　かさ
컵　コップ
라이터　ライター
책상　机
의자　いす
라디오　ラジオ
책　本
사전　辞典
텔레비전　テレビ
컴퓨터　コンピューター
연필　鉛筆
볼펜　ボールペン
사진　写真
그림　絵
치마　スカート
바지　ズボン
우유　牛乳

Lesson 3

이 사람(분)　この人(方)
그 사람(분)　その人(方)
저 사람(분)　あの人(方)
누구(어느분)　誰(どなた)
여기　ここ
거기　そこ
저기　あそこ
어디　どこ
이쪽　こちら
그쪽　そちら
저쪽　あちら
어느 쪽　どちら
남자　男
~씨　~さん
남편　夫
여자　女
아내　妻
아이　子供
여동생　妹
남동생　弟
형　兄(弟から)
오빠　兄(妹から)
아버지　父
누나　姉(弟から)
언니　姉(妹から)
어머니　母

Lesson 4

위치　位置
위　上
아래　下, 下の方
밑　下, 底
앞　前
뒤　後ろ
속　中

158

안　內, 內側
밖　外
왼쪽　左側
가운데　中, 間, 中間
사이　間, 間隔, 仲
오른쪽　右側
휴지통　ごみばこ
나무　木
달력　カレンダー
전화기　電話
가방　鞄
칠판　黒板
구두　靴
문　門, ドア
~하고　~と
복사기　コピー機
공책　ノート
지도　地図

Lesson 5

토요일　土曜日
쇼핑　買い物
아침　朝
물　水
읽다　読む
일요일　日曜日
오후　午後
음악　音楽
듣다　聞く
여러분　皆さん
지금　今
회사　会社
가다　行く
잠　睡眠
자다　寝る
일　仕事
밥　ごはん

먹다　食べる
노래를 하다(노래를 부르다)
　歌を歌う
공부를 하다　勉強をする
날씨　天気
춥다　寒い
덥다　暑い
일어나다　起きる
오다　来る
씻다　洗う
목욕(을) 하다　風呂に入る
보다　見る
이야기(를) 하다　話をする
쓰다　書く
일(을) 하다　働く
운동(을) 하다　運動をする
만나다　会う
헤어지다　別れる
청소(를) 하다　掃除する
빨래(를) 하다　洗濯する
쉬다　休む

Lesson 6

입다　着る
받다　受ける
앉다　座る
기다리다　待つ
생일　誕生日
생신　お誕生日(敬語)
나이　年齢, 年
연세　年齢, お年(敬語)
댁　お宅
말　言葉
말씀　お話(目上の人の)
~에게　~に(丁寧な表現)
~한테　~に
~께　~に(敬語)

~에게서　~から(丁寧な表現)
~한테서　~から
드시다　召し上がる
잡수시다　召し上がる
주무시다　お休みになる
있으시다　いらっしゃる
계시다　いらっしゃる
주다　あげる
드리다　差し上げる
죽다　死ぬ
돌아가시다　亡くなる
~께서　~が(敬語)
~하다~する
영화　映画
옷　服
할머니　おばあさん
진지　ご飯(敬語)
드시다　召し上がる
무슨　何の
농구　バスケットボール
축구　サッカー
야구　野球
배구　バレーボール
점심　昼食
보통　普通
샌드위치　サンドイッチ
주말　週末
우체국　郵便局
내일　明日
백화점　デパート
집　家
병원　病院
공항　空港
뭐　何
이번 주　今週
일기 예보　天気予報
언제　いつ

스키장　スキー場
남대문 시장　南大門市場
언제나　いつも
항상　いつも
늘　いつも
자주　度々
가끔　たまに
거의　ほとんど
전혀　全然
그저께　おととい
어제　きのう
오늘　今日
모레　あさって
매일　毎日
전전주(저저번주)　先々週
전주(저번주)　先週
다음주　来週
다다음주　再来週
매주　毎週
전전달　先々月
전달　先月
이달　今月
다음달　来月
다다음달　再来月
매달　毎月
재작년　一昨年
작년　去年
올해　今年
내년　来年
내후년　再来年
매년　毎年

Lesson 7

사다　買う
웃다　笑う
있다　ある・いる
일하다　働く

수영하다　泳ぐ
배우다　学ぶ
가르치다　教える
살다　生きる
사무실　事務室
낮　昼
방　部屋
편지　手紙
거실　居間
도서실　図書館
물건　物, 品物
화장실　トイレ, 化粧室
이　歯
닦다　磨く
저녁　夕方
계단　階段
전화를 걸다　電話をかける
내 방　私の部屋
식당　食堂
바다　海
놀이 동산　遊園地
쇼핑을 하다　買い物をする
편지를 쓰다　手紙を書く
편지를 보내다　手紙を送る
테니스를 치다　テニスをする
요리를 하다　料理をする
산책을 하다　散歩をする
학원　学院
학교　学校
시장　市場
수퍼마켓　スーパーマーケット
은행　銀行
약국　薬局
파출소　交番
소방서　消防署
세탁소　クリーニング屋
이발소　床屋

미장원　美容院
편의점　コンビニエンスストア
서점　書店, 本屋
극장　映画館
옷가게　洋品店
주유소　ガソリンスタンド
주차장　駐車場

Lesson 8

시간(~시~분)　時間(~時~分)
세 시 사 분　3時4分
아홉 시 십 분　9時10分
여섯 시 오 분　6時5分
두 시 십오 분　2時15分
한 시 삼십 분　1時30分
한 시 반　1時半
열한 시 오십오 분　11時55分
열두 시 오분 전　12時5分前
열두 시 정각　12時ちょうど
회　~回
몇 시　何時
시작하다　始める
오전　午前
~와　~と
회의　会議
지하철을 타다　地下鉄に乗る
차로　車で
대사관　大使館
택시로　タクシーで
비행기로　飛行機で
걸어서　歩いて
버스로　バスで~
제주도　済州島
타고 오다　乗ってくる
숫자　数字

Lesson 9

휴가	休暇
말	末
시험	試験
동창회	同窓会
성년의 날	成人の日
집들이	引っ越した家に知り合いを招待すること
무슨 날	何の日
어린이날	子供の日
어버이날	父と母の日
나이	年齢, とし
~년	~年
~월	~月
~개월	~か月
~주	~週
~일	~日
~분	~分
~초	~秒
~세	~歳
~달	~か月
쥐	ねずみ
소	うし
호랑이	とら
토끼	うさぎ
용	たつ
뱀	へび
말	うま
양	ひつじ
원숭이	さる
닭	とり
개	いぬ
돼지	ぶた

Lesson 10

수영을 하다	泳ぐ
마시다	飲む
골프를 잘 치다	ゴルフが上手だ
스키를 잘 타다	スキーが上手だ
재미있다	おもしろい
음악감상	音楽鑑賞
클래식	クラシック
가요	歌謡
팝송	ポップス
재즈	ジャズ
락	ロック
발라드	バラード
영화감상	映画鑑賞
드라마	ドラマ
액션	アクション
멜로	メロドラマ
코미디	コメディー
공포	恐怖
공상과학	空想科学
독서	読書
소설	小説
수필	随筆
시	詩
만화	漫画
잡지	雑誌
운동	運動
스케이트	スケート

Lesson 11

여기 앉다	ここに座る
~쪽	~ページ
자리	席
눈	目
감다	(目を)閉じる
오른손	右手
올리다	上げる
내리다	おろす
건강	健康
체크하다	チェックする
담배	タバコ
피우다	(タバコを)吸う
술	酒
들다	(酒を)飲む
머리	頭
아프다	痛い
밤	夜
깨다	目が覚める
운동을 하다	運動をする
식사	食事
정도	程度
날마다	毎日
행복하다	幸せだ
조심하다	気を付ける
많다	多い
비슷하다	似ている
보통이다	普通だ
사과	リンゴ
권	冊
6,500원	6,500ウォン
종이	紙
~장	~枚
30원	30ウォン
꽃	花
~송이	~本, ~輪
1,600원	1,600ウォン
~벌	~着
230,000원	230,000ウォン
~켤레	~足
45,000원	45,000ウォン
자전거	自転車
~대	~台
74,000원	74,000ウォン
~잔	~杯
600원	600ウォン
맥주	ビール
~병	~本
1,500원	1,500ウォン

~채 ~軒
고양이 猫
~마리 ~匹
~명 ~人
식당가 食堂街
문화센터 カルチャーセンター
가전 제품 電気製品
스포츠 용품 スポーツ用品
가구 家具
문구 文房具
사진 현상소 写真現像所
신사복 紳士服
숙녀복 婦人服
유아 용품 ベビー用品
아동 용품 子供用品
잡화 雑貨
지하 地下

Lesson 12

같이 一緒に
식사하다 食事する
수영장 プール
다음에 今度
아이스크림 アイスクリーム
교실 教室
한국말로 韓国語で
이야기하다 話す
등산하다 山に登る
싫어하다 嫌い
나이트클럽 ナイトクラブ
죄송하다 申し訳ありません
공원 公園
찾다 捜す
부치다 送る, 手紙を出す
김치 キムチ
좋아하다 好き
맵다 辛い

열심히 熱心に
점수 点数
나쁘다 悪い
배가 고프다 おなかが空いた
빠르다 速い
어렵다 難しい
집다 取る
놓다 置く
꺼내다 取り出す
넣다 入れる
주다 あげる
받다 もらう, 受ける
들다 持ち上げる
내리다 下ろす
들어가다 入る
나오다 出てくる
열다 開ける
닫다 閉める
켜다 つける
끄다 消す
시작하다 始める
끝내다 終える
빌리다 借りる
빌려주다 貸して上げる
태어나다 生まれる
죽다 死ぬ

Lesson 13

비빔밥 ビビンバ(韓国風混ぜ御飯)
삼계탕 サムゲタン
영어 英語
중국어 中国語
신문 新聞
인터넷 インターネット
말 馬
태권도 テコンドー(韓国固有の武道)
운전하다 運転する
바꾸다 かえる
세수를 하다 洗面する
그림을 그리다 絵を描く
벽에 걸다 壁に掛ける
하루 일과 日課

Lesson 14

이번 주말 今週末
쉬다 休む
여행하다 旅行する
아시아 アジア
아프리카 アフリカ
유럽 ヨーロッパ
북아메리카 北アメリカ
남아메리카 南アメリカ
오세아니아 オセアニア
크리스마스 クリスマス
카드 カード
보내다 送る
춤을 추다 踊りを踊る
교회 教会
캠핑 キャンプ
약 薬
손전등 懐中電灯
칼 ナイフ
헤어드라이기 ヘアードライヤー
텐트 テント
골프채 ゴルフのクラブ
멜로디언 電子オルガン
수영복 水着
수영 모자 水泳帽
선글라스 サングラス
부츠 ブーツ
오리발 フィン(潜水具で足に着

ける水かき)
폴 ストック(スキー)
카메라 カメラ
선풍기 扇風機
스포츠 뉴스 スポーツニュース
TV 프로그램 テレビ番組
연결 連結
내 고향 私の故郷
접속 接続
신세대 新世代
내 사랑 내 곁에 私の愛, 私の
  側に
남북의 창 南北の窓
앙코르 신년 기획 アンコール
도전 99 청년의 힘
재 再(再放送)
마감 뉴스 最終ニュース
어때요? どうですか
코트 コート
퇴근 후 帰りに, 退勤後
한잔 하다 一杯やる
서울역 ソウル駅
피곤하다 疲れる
길이 막히다 道が込む
먼저 先に
영화표 映画のチケット
열다 開ける
실내 室内
인도 歩道
박물관 博物館
찍다 撮る
수업 시간 授業時間
졸다 居眠りする
다른 나라 他の国
약속을 하다 約束する
그런데 ところで
늦다 遅れる

지키다 守る
우리 私達
누가 誰が
세우다 (車を)止める
그래서 それで
들어가다 入る
휴지 ちり紙, 紙くず
아무 데나 どこにでも
버리다 捨てる
저번 주 先週
스웨터 セーター
세탁기 洗濯機
빨다 洗う
크다 大きい
작다 小さい
많다 多い
적다 少ない
길다 長い
짧다 短い
무겁다 重い
가볍다 軽い
높다 高い
낮다 低い
빠르다 速い
느리다 遅い, のろい
재미있다 おもしろい
재미없다 つまらない
맛있다 おいしい
맛없다 おいしくない
어렵다 難しい
쉽다 やさしい, 簡単だ
비싸다 高い(値段が)
싸다 安い(値段が)
춥다 寒い
덥다 暑い
뜨겁다 熱い
차갑다 冷たい

밝다 明るい
어둡다 暗い
넓다 広い
좁다 狭い

Lesson 15

드라이브하다 ドライブする
오랜만에 久しぶりに
야구 野球
한잔 하다 一杯飲む, 一杯やる
햄버거 ハンバーガー
싸 드리다 お包みする
불고기 정식 焼き肉定食
휴가 때 休みの時
가족 家族
1억원 1億ウォン
세계 여행 世界旅行
하루 동안 一日中
투명 인간 透明人間
되다 なる
회식 食事会
헤어지다 別れる
늦잠 자다 寝坊する
과장님 課長様
혼나다 叱られる
기분 気分
편리하다 便利だ
불편하다 不便だ
필요하다 必要だ
불필요하다 不必要だ
강하다 強い
약하다 弱い
친절하다 親切だ
불친절하다 不親切だ
피곤하다 疲れる
심심하다 退屈だ
조용하다 静かだ

건강하다　健康だ
행복하다　幸せだ
유명하다　有名だ
중요하다　重要だ
비슷하다　似ている
이상하다　おかしい, 変だ

Lesson 16

왜　なぜ, どうして
교통 사고가 나다　交通事故が起きる
눈　雪
길　道
미끄럽다　滑る
이유　理由
결과　結果
감기　風邪
이렇게　こんなに
바람　風
지각하다　遅刻する
시끄럽다　うるさい
옆집　隣の家
파티하다　パーティーをする
다이어트　ダイエット
기분　気分
여러 나라　色々な国
보드카　ウォッカ
스파게티　スパゲッティー
팬더　パンダ
구경하다　見物する
디즈니랜드　ディズニーランド
에펠탑　エッフェル塔
사파리　サファリ
캥거루　kangaroo　カンガルー
호주　オーストラリア
온천　温泉
훌라춤　フラダンス

브라질　ブラジル
호나우도　ロナウド
소개하다　紹介する
꼭　必ず, きっと
값　値段
아주　とても
싸다　安い
참　本当に
계절과 날씨　季節と天気
봄　春
여름　夏
가을　秋
겨울　冬
따뜻하다　暖かい
맑다　晴れる
흐리다　曇る
구름이 끼다　雲が立ちこめる
일광욕하다　日光浴をする
비가 오다　雨が降る
장마　梅雨
태풍　台風
천둥이 치다　雷が鳴る
번개가 치다　稲妻が走る
시원하다　涼しい
서늘하다　ひんやりする
낙엽이 지다　枯れ葉が散る
단풍이 들다　紅葉する
바람이 불다　風が吹く
눈이 오다　雪が降る

Lesson 17

가르치다　教える
안경　めがね
아들　息子
노래를 부르다　歌を歌う
사탕　飴
빌리다　借りる

보이다　見える
들다　持つ
돕다　手伝う
강아지　子犬
놀다　遊ぶ
얘기하다　話す
전화하기　電話する
자리에 있다/없다　席に居る／居ない
외출하다　外出する
다시　もう一度
전하다　伝える
잘못 걸다　番号を間違えて電話する
통화중　通話中
잠시 후　少し後

Lesson 18

한라산　漢拏山
생선회　刺身
제주 호텔　済州ホテル
일출　日の出
많이　たくさん
선물　贈り物, お土産
기념품　記念品
기차　汽車
배　船
돌아오다　帰ってくる
비　雨
대통령　大統領
하루 동안　一日中
바뀌다　かわる
시간이 나다　時間が空く
잠이 안 오다　眠れない
쇼핑 가다　買い物にいく
청소하다　掃除する
슈퍼맨　スーパーマン

한밤중　真夜中
하늘　空
날다　飛ぶ
괴물　怪物
싸우다　闘う
빌딩　ビル
뛰어 내리다　飛び降りる
인터뷰　インタビュー
치과　歯科
끝내다　終える
교통　交通
신호등　信号灯
사거리(교차로)　交差点
곧장 가다　まっすぐ行く
횡단 보도　横断歩道
돌다　曲がる
좌회전　左折
우회전　右折
건너다　渡る
육교　歩道橋
멈추다　止まる
주차금지　駐車禁止
일방 통행　一方通行
위험　危険
공사중　工事中
장애인 전용　障害者専用
전용　専用
노약자석　シルバーシート
어린이　子供
보호　保護
구역　区域

Lesson 19

친절하다　親切だ
중요하다　重要だ
넓다　広い
복도　通路, 廊下
좁다　狭い
문제　問題
따뜻하다　暖(温)かい
난로　暖炉
시원하다　涼しい
선풍기　扇風機
착하다　善良だ
제일　第一に, もっとも
머리카락　髪の毛
층　階
가장　一番, もっとも
하숙집　下宿
규칙　規則
키우다　飼う
그렇지만　けれども
옥상　屋上
12시 이후　12時以後
초인종　呼び鈴
누르다　押す
열쇠　かぎ
들어오다　入る
너무　あまりに, とても
소리　音
크게　大きく
틀다　(スイッチなどを)回す
긴팔　長袖
셔츠　シャツ
반팔　半袖
와이셔츠　ワイシャツ
블라우스　ブラウス
외투　コート
점퍼　ジャンパー
조끼　チョッキ, ベスト
바지　ズボン
청바지　ジーパン
반바지　半ズボン
치마　スカート
양복　スーツ
정장　正装
원피스　ワンピース
한복　韓国固有の衣服
잠옷　寝間着
속옷　下着
양말　靴下
하얀색(흰색)　白
검은색(검정색)　黒
회색　灰
파란색　青
하늘색　空色
감색　紺色
노란색　黄色
주황색　だいだい色
자주색　赤紫
연두색　薄緑色
녹색(초록색)　緑色
빨간색　赤
갈색　茶色
분홍색　桃色
금색　金色
은색　銀色
보라색　紫
네모(사각형)　しかく(四角形)
세모(삼각형)　さんかく(三角形)
동그라미(원)　まる(円)
줄　線
무늬　模様
물방울　水玉
체크　チェック
꽃　花

Lesson 20

맡기다　任せる
단어　単語
생각이 나다　思い出す

맛　味
달다　甘い
쓰다　苦い
짜다　塩辛い
시다　酸っぱい
맵다　辛い
싱겁다　(味が)薄い
맛을 내다　味付けする
소금　塩
후추(후추가루)　胡椒
간장　醤油
된장　味噌
설탕　砂糖
조미료　調味料
고춧가루　唐辛子(粉)
고추장　唐辛子味噌
식용유　食用油
참기름　胡麻油
깨소금　ごま塩

문형

과	문형	의미
1	· 저는 ~입니다	· 私は~です
	· ~씨는 ~입니까?	· ~さんは~ですか
	· 네 / 아니오	· はい／いいえ
2	· 이것 / 그것 / 저것은 무엇입니까?	· これ／それ／あれは何ですか
	· 그것 / 이것 / 저것은 ~입니다	· それ／これ／あれは~です
	· ~도	· ~も
	· ~이 / 가 아닙니다	· ~ではありません
3	· 이 / 그 / 저 / 어느~	· この／その／あの／どの
	· 누구입니까?	· 誰ですか, どなたですか
	· ~의	· ~の
	· 가족	· 家族
4	· 여기 / 거기 / 저기 / 어디	· ここ／そこ／あそこ／どこ
	· 위치	· 位置
	· ~에 무엇이 있습니까?	· ~に何がありますか
	· ~이 / 가 있습니다 / 없습니다	· ~があります／ありません
	· ~에 있습니까?/ ~에 있습니다	· ~にありますか／~にあります
5	· ~에 무엇을 합니까?	· ~(時)に何をしますか
	· ~을/를 합니다	· ~を(し)ます
	· ~지 않습니다	· ~(し)ません, ~くありません, ~ではありません
	· 안~	· ~(し)ません, ~くありません
6	· ~(으)시~	· ~なさる
	· ~에 가다 / 오다	· ~に行く／~に来る
	· ~겠~ ①	· ~(し)ます
7	· ~았 / 었~	· ~(し)た, ~かった, ~だった
	· ~에서	· ~で
	· ~고	· ~て

167

8	・~시~분	・~時~分
	・~에서 ~까지	・~から~まで
	・얼마나 걸립니까?	・どれくらいかかりますか
	・~(으)로	・~で
	・숫자	・数字
9	・언제입니까?	・いつですか
	・날짜	・日付, 日にち
10	・~아 / 어요	・~(し)ます, ~です
	・~이 / 가 뭐예요?	・~は何ですか
	・~을 / 를 잘하다 / 잘 못하다	・~が上手です／~が下手です
11	・~(으)십시오 / ~(으)세요 ①	・~(し)て下さい
	・~(으)세요? ②	・~なさいますか
	・얼마예요?	・いくらですか
	・~에 ~원이에요	・(~つ)で~ウォンです
12	・~(으)ㅂ시다	・~(し)ましょう
	・~(으)러 가다 / 오다	・~(し)に行く／~(し)に来る
	・~지만	・~けど
13	・~(으)ㄹ 수 있다 / 없다	・~できる／~できない
	・못~	・~できない
	・~아 / 어서~ ①	・~(し)て~
14	・~(으)ㄹ 거예요 ①	・~(する)つもりです
	・~(으)니까	・~ので, ~から
	・~지 마세요	・~(し)ないでください
15	・~(으)ㄹ 까요? ① ②	・~しましょうか
	・~고 싶다 / 싶어하다	・~したい／~したがる
	・~아 / 어서~ ②	・~て／~ので／~から

16	・〜때문에 / 〜기 때문에	・〜のために／〜から
	・〜아 / 어 보다	・〜(し)てみる
	・날씨	・天気
17	・〜아 / 어 주다, 드리다	・〜(し)てあげる、〜(し)てさしあげる
	・〜고 있다	・〜(し)ている
18	・〜(으)려고 한다	・〜(し)ようとする
	・〜(으)면	・〜(す)れば，〜(す)ると
	・〜아/어/야 되다(하다)	・〜(し)なければならない
19	・형용사의 관형형	・形容詞の連体形
	・〜아/어도 된다	・〜(し)てもよい
	・〜(으)면 안 된다	・〜(し)てません
20	・동사의 관형형	・動詞の連体形

부록

기본 동사 활용 1 　基本動詞活用 1　　*불규칙동사

기본형	의미	격식체		격식체 존칭	
		현재	과거	현재	과거
이다	~だ	입니다	이었습니다	이십니다	이셨습니다
하다	~する	합니다	했습니다	하십니다	하셨습니다
가다	行く	갑니다	갔습니다	가십니다	가셨습니다
보다	見る	봅니다	봤습니다	보십니다	보셨습니다
가르치다	教える	가르칩니다	가르쳤습니다	가르치십니다	가르치셨습니다
배우다	習う, 学ぶ	배웁니다	배웠습니다	배우십니다	배우셨습니다
먹다	食べる	먹습니다	먹었습니다	드십니다	드셨습니다
있다	いる／ある	있습니다	있었습니다	계십니다	계셨습니다
~지 않다	~ない	~지 않습니다	~지 않았습니다	~지 않으십니다	~지 않으셨습니다
*돕다	手伝う	돕습니다	도왔습니다	도우십니다	도우셨습니다
*듣다	聞く	듣습니다	들었습니다	들으십니다	들으셨습니다
*쓰다	書く	씁니다	썼습니다	쓰십니다	쓰셨습니다

기본 동사 활용 2 　基本動詞活用 2　　*불규칙동사

기본형	의미	비격식체		비격식체 존칭	
		현재	과거	현재	과거
이다	~だ	예요 / 이에요	였어요 / 이었어요	세요 / 이세요	셨어요 / 이셨어요
하다	~する	해요	했어요	하세요	하셨어요
가다	行く	가요	갔어요	가세요	가셨어요
보다	見る	봐요	봤어요	보세요	보셨어요
가르치다	教える	가르쳐요	가르쳤어요	가르치세요	가르치셨어요
배우다	習う, 学ぶ	배워요	배웠어요	배우세요	배우셨어요
먹다	食べる	먹어요	먹었어요	드세요	드셨어요
있다	いる／ある	있어요	있었어요	계세요	계셨어요
~지 않다	~ない	~지 않아요	~지 않았어요	~지 않으세요	~지 않으셨어요
*돕다	手伝う	도와요	도왔어요	도우세요	도우셨어요
*듣다	聞く	들어요	들었어요	들으세요	들으셨어요
*쓰다	書く	써요	썼어요	쓰세요	쓰셨어요

기본 형용사 활용 1 — 基本形容詞活用 1

*불규칙형용사

기본형	의미	격식체		격식체 존칭	
		현재	과거	현재	과거
비싸다	高い	비쌉니다	비쌌습니다	***	***
어울리다	似合う	어울립니다	어울렸습니다	어울리십니다	어울리셨습니다
높다	高い	높습니다	높았습니다	높으십니다	높으셨습니다
넓다	広い	넓습니다	넓었습니다	넓으십니다	넓으셨습니다
재미있다	おもしろい	재미있습니다	재미있었습니다	재미있으십니다	재미있으셨습니다
*낫다	(〜より)いい	낫습니다	나았습니다	***	***
*무겁다	重い	무겁습니다	무거웠습니다	***	***
*예쁘다	きれいだ	예쁩니다	예뻤습니다	예쁘십니다	예쁘셨습니다
*다르다	違う	다릅니다	달랐습니다	다르십니다	다르셨습니다
*그렇다	そうだ	그렇습니다	그랬습니다	그러십니다	그러셨습니다

기본 형용사 활용 2 — 基本形容詞活用 2

*불규칙형용사

기본형	의미	격식체		격식체 존칭	
		현재	과거	현재	과거
비싸다	高い	비싸요	비쌌어요	***	***
어울리다	似合う	어울려요	어울렸어요	어울리세요	어울리셨어요
높다	高い	높아요	높았어요	높으세요	높으셨어요
넓다	広い	넓어요	넓었어요	넓으세요	넓으셨어요
재미있다	おもしろい	재미있어요	재미있었어요	재미있으세요	재미있으셨어요
*낫다	(〜より)いい	나아요	나았어요	***	***
*무겁다	重い	무거워요	무거웠어요	***	***
*예쁘다	きれいだ	예뻐요	예뻤어요	예쁘세요	예쁘셨어요
*다르다	違う	달라요	달랐어요	다르세요	다르셨어요
*그렇다	そうだ	그래요	그랬어요	그러세요	그러셨어요

기본 조사 1 基本助詞 1

기본형	의미	예문
~이 / 가	~が	책이 큽니다.(本が大きいです。) 친구가 말했습니다.(友人が言いました。)
~께서	~が(敬語)	선생님께서 말씀하셨습니다.(先生がおっしゃいました。)
~을 / 를	~を	책을 읽습니다.(本を読みます。) 나는 매일 노래를 듣습니다(私は毎日歌を聴きます。)
~의	~の	이것이 민수의 책입니다.(これがミンスの本です。)
~에	~に	아침 7시에 회사에 갑니다.(朝7時に会社に行きます。) 책상 위에 책이 있습니다.(机の上に本があります。)
~에서	~で	회사에서 일합니다.(会社で働きます。)
~으로 / 로	~へ／に	내일 중국으로 갑니다.(明日中国へ行きます。) 러시아로 여행을 갑니다.(ロシアへ旅行に行きます。)
~에게 / 한테	~で	젓가락으로 점심을 먹습니다.(はしで昼ごはんを食べます。) 지하철로 회사에 갑니다.(地下鉄で会社に行きます。)
~에게서 / 한테서	~から	친구에게서 / 한테서 선물을 받았습니다. (友人から贈り物をもらいました。)
~에게 / 한테	~に	친구에게 / 한테 선물을 주었습니다. (友人に贈り物をあげました。)
~께	~に(敬語)	선생님께 선물을 드렸습니다. (先生に贈り物を差しあげました。)

기본 조사 2 基本助詞 2

기본형	의미	예문
~은/는	~は	이것은 책입니다.(これは本です) 나는 회사원입니다.(私は会社員です。)
~도	~も	선생님은 미국 사람입니다. 나도 미국 사람입니다. (先生はアメリカ人です。私もアメリカ人です。)
~만	~だけ	나는 사과만 먹습니다.(私はリンゴだけ食べます。)
~과/와	~と	선생님과 점심 식사를 했습니다.(先生と昼食をとりました。) 시계와 가방을 샀습니다.(時計とかばんを買いました。)
~하고	~と	선생님하고 식사를 했습니다.(先生と食事をしました。) 선생님이랑 식사를 했습니다.(先生と食事をしました。)
~이랑/랑	~と, ~や, ~とか	시계랑 가방을 샀습니다.(時計とかばんを買いました。)
~이나/나	~か	젓가락이나 포크로 드십시오. (はしかフォークで召し上がってください。) 포크나 젓가락으로 드십시오. (フォークかはしで召し上がってください。)
~부터	~から	내일부터 공부를 합시다.(明日から勉強をしましょう。)
~까지	~まで	내일까지 공부를 합시다.(明日まで勉強をしましょう。)
~마다	~ごとに	일요일마다 교회에 갑니다.(日曜日ごとに教会へ行きます。)
~보다	~より	기차가 버스보다 빠릅니다.(汽車がバスより速いです。)
~처럼	~のように	그 소녀는 사과처럼 예쁩니다. (その少女はリンゴのようにきれいです。)

著者

韓国語教育文化院
URL:www.edukorean.com
e-mail:webmaster@edukorean.com

日本人のための
イージー・コリアン①

2004年7月10日　初版1刷発行
2017年8月10日　初版7刷発行

著　者　韓国語教育文化院
発行者　佐藤今朝夫

〒174-0056　東京都板橋区志村1-13-15
発行所　株式会社　国書刊行会
TEL.03(5970)7421(代表)　FAX.03(5970)7427
http://www.kokusho.co.jp

落丁本・乱丁本はお取替いたします。
制作：Language PLUS (HangeulPARK)
ISBN978-4-336-04643-7

easy Korean for foreigners 1
Copyright©2000 Korean Language Education Culture Center (KECC)
Originally published by Language PLUS (HangeulPARK), Seoul in 2000

©2004　韓国語教育文化院，Language PLUS(HangeulPARK)